KB212371

보현행원품 사경본

원순스님 · 한글 사경

보현행원품 사경본

도서
출판 법공양

【삼귀의】

귀의불 양족존
歸依佛 兩足尊
거룩한 부처님께 귀의합니다.

귀의법 이욕존
歸依法 離欲尊
성스런 가르침에 귀의합니다.

귀의승 중중존
歸依僧 衆中尊
청정한 스님들께 귀의합니다.

【칠불통계】

제악막작
諸惡莫作
오늘도 나의 허물 되돌아보며

중선봉행
衆善奉行
맑고도 향기로운 삶을 살면서

자정기의
自淨其意
하늘 빛 푸른 소원 참마음으로

시제불교
是諸佛教
부처님 가르침을 꽃피우소서.

【사홍서원】

중생 무변 서원도
衆生 無邊 誓願度
중생을 다 건지오리다.

번뇌 무진 서원단
煩惱 無盡 誓願斷
번뇌를 다 끊으오리다.

법문 무량 서원학
法門 無量 誓願學
법문을 다 배우오리다.

불도 무상 서원성
佛道 無上 誓願成
불도를 다 이루오리다.

* 팔관재계八關齋戒에서 '관關'은 허물이 일어나지
  않게 막는 것이요, '재齋'는 맑고 깨끗한 삶이며
  '계戒'란 지켜야 할 것을 말한다.
  여덟 가지 계를 잘 지키면 '맑고 깨끗한 삶'의
  뿌리가 저절로 형성된다.

* 팔관재계는 매달 음력 1일, 8일, 14일, 15일, 18일, 23일,
  24일, 28일, 29일, 30일인 십재일에 받아 지녀
  부처님의 복덕과 지혜를 닦아나가는 방편이다.
  십재일은 나쁜 기운이 드세어 사람의 몸을 해치고
  마음을 어지럽히는 날이다.
  그러므로 부처님께서는 여덟 가지 계와
  한낮이 지나면 음식을 먹지 않는 재법齋法으로
  모든 중생이 복덕과 지혜를 길러
  세상의 괴로움에서 벗어나게 하였다.

◀팔관재계▶

하룻낮 하룻밤 동안

불비시식不非時食

때가 아니면 먹지 않는 '맑고 깨끗한 삶'을 살아야 합니다.

하룻낮 하룻밤 동안

1. 중생의 생명을 빼앗지 않고 '자비로운 삶'을 살아야 합니다.

2. 도둑질 하지 않고 '마음이 넉넉한 삶'을 살아야 합니다.

3. 인간관계를 나쁘게 맺지 않고 '행복한 삶'을 살아야 합니다.

4. 거짓말하지 않고 '진실한 삶'을 살아야 합니다.

5. 술을 마시지 않고 '지혜로운 삶'을 살아야 합니다.

하룻낮 하룻밤 동안

6. 향수나 꽃으로 몸을 꾸미지 않고 '편안한 삶'을 살아야 합니다.

7. 춤이나 노래로 마음이 들뜨지 않고 '고요한 삶'을 살아야 합니다.

8. 높은 자리에 앉지 않고 '마음을 비우는 삶'을 살아야 합니다.

불기 25   년   월   일   수계행자   정례(頂禮)

보현행원품 사경 공덕을 찬탄하며

부처님은 다음과 같이 말씀하셨습니다.

"보현보살이여, 경전을 받아 지녀 읽고 외우면서 바르게 옮겨 쓰는 사람이 있다면, 이는 부처님을 친견하면서 직접 이 경전을 듣고 있는 것과 같은 줄 알아야 한다. 경전을 세상에 유포하는 사경의 공덕은 부처님께 법공양을 올리는 것이라, 세세생생 부처님의 가피로 온갖 고난을 하나도 남김없이 다 없애 줄 것이다. 부처님께서는 늘 이 사람을 찬탄하고 머리를 어루만져 뒷날 성불할 수기로 축복하여 줄 것이다."

뜻을 알고 염불해야 부처님의 가피가 커지듯, 정성 들여 부처님 가르침을 알아가는 사경이야말로 불자의 기도이며 수행이므로 부처님께서는 이처럼 그 공덕을 찬탄하십니다.

'염불'이 부처님의 세상을 마음속에 피워내며 부처님 삶을 살아가게 한다면, '사경'은 부처님 가르침이 담긴 경전을 옮겨 씀으로써 전생의 업을 녹이며, 부처님 지혜 종자를 심어 부처님 세상으로 가게 하기 때문입니다.

한 글자씩 정성스럽게 부처님의 가르침을 옮겨 쓰는 사경 불사는 부처님 가르침대로 살고자 하는 원력이 담겨 있습니다. 경전을 오랫동안 반복해서 옮겨 쓰다 보면 자연스레 경전의 글귀도 외워지고 그 안에 담긴 부처님 가르침도 오롯이 마음속에 피워낼 수 있으므로 올바른 수행이 되는 것입니다.

그러므로 사경을 할 때는 몸과 마음을 정갈히 하고 깨끗한 장소에서 한마음으로 한 자 한 자 정성을 다해 써나가야 합니다. 성스러운 부처님을 모셔 놓거나 향을 피우는 의식도 좋습니다. 사경을 할 때는 처음부터 끝까지 조급한 마음도 없고 또한 게으른 마음도 없어야 합니다. 거문고의 줄을 고르듯 한 획 한 획 마지막까지 붓에 힘을 싣는 정성으로 집착과 시비 분별하는 마음을 내려놓고 부처님의 마음자리로 들어가야 합니다.

사경을 한 뒤에는 오색 비단 보자기에 싸서 이 경전을 깨끗한 곳에 모셔 놓으면, 동서남북의 천왕과 온갖 천신들이 모두 그 장소로 나아가 공양을 올리면서 이 경전을 지키며 보호할 것이니, 이 험한 세상에서 횡사할 일도 없고 다시는 나쁜 세상 어디에도 떨어질 일이 없습니다.

부처님을 믿는 마음이 두터워져 무거운 업장이 다 없어지니, 이 공덕으로 인연 있는 영가들은 극락정토에 반드시 태어날 것이며

동시에 자신에게 올 온갖 질병이나 재난 및 구설수도 사라지게 될 것입니다.

이로 인해 가정이 화목해지고 자손들의 앞길이 환하게 열리니, 늘 미소 짓는 얼굴에는 하늘의 향기가 넘쳐흐릅니다.

어리석지 않으므로 좋은 인연을 만나 살아가는 삶이 윤택하여, 뜻하는 바가 반드시 이루어질 것입니다. 언제나 삼세 모든 부처님과 불법의 수호 신장들이 보살피니 이 세상에 두려워할 일이 없습니다.

사경을 하는 보현행자시여, 삼세 모든 부처님이 지키고 보호할 것이니, 그 가피로 온갖 장애와 번뇌에서 벗어나 뜻한 대로 소원이 다 이루어져서 행복한 부처님의 세상에서 늘 함께하옵소서.

부처님을 믿는 마음 지극정성 사경하니
빛으로서 오는 복덕 온갖 공덕 회향함에
온갖 질병 재난 구설 지금 모두 사라져서
눈길 가는 모든 곳이 눈이 부신 극락정토.

2021년 7월 1일 송광사 산모퉁이
인월행자 두손 모음

차례

【사경 발원문】

(   ) 사경 제자는

부처님 전에 발원하오니
보현행원품의 가르침을 받아 지녀 날마다
정성껏 읽고 쓰고 외우겠습니다.

사경에서 나오는 온갖 공덕을
남김없이 우리 이웃에 회향하여
향기로운 부처님의 세상을 꽃피우고자 하오니

시방 삼세 모든 부처님께서는
장애가 없도록 사경하는 제자들을 빠짐없이
굽어살펴 주시옵소서.

20   년   월   일   불제자   정례(頂禮)

▌사경 의식▐

○ 불법승에 귀의하니

歸依佛 兩足尊
귀의불 양족존
거룩한 부처님께 귀의합니다.

歸依法 離欲尊
귀의법 이욕존
성스런 가르침에 귀의합니다.

歸依僧 衆中尊
귀의승 중중존
청정한 스님들께 귀의합니다.

○ 부처님 법 드러내며

無上甚深 微妙法
무상심심 미묘법
그 이치가 깊고 깊은 오묘하고 미묘한 법

百千萬劫 難遭遇
백천만겁 난조우
백천만겁 살더라도 만나 뵙기 어려우니

我今聞見 得受持
아금문견 득수지
제가 이제 듣고 보고 부처님 법 받아 지녀

願解如來 眞實意
원해여래 진실의
부처님의 진실한 뜻 깨닫기를 원합니다.

○ 법의 곳간 여는 진언

옴 아라남 아라다 (3번)

14

○ 사경발원

– 사경 발원문 낭독

○ 사경을 마친 뒤

– 손수 쓴 경전을 독송한다.

○ 사경 공덕을 회향하니

寫經功德殊勝行
사경공덕수승행

無邊勝福皆廻向
무변승복개회향

普願沈溺諸有情
보원침익제유정

速往無量光佛刹
속왕무량광불찰

경을 쓰는 이 공덕이 보살들의 뛰어난 삶
끝이 없는 온갖 복덕 빠짐없이 회향하여
이 힘으로 원하건대 무명 속의 모든 중생
지금 바로 부처님의 극락정토 가옵소서.

백팔대참회문

大慈大悲愍衆生　大喜大捨濟含識
대 자 대 비 민 중 생　대 희 대 사 제 함 식

相好光明以自嚴　衆等至心歸命禮
상 호 광 명 이 자 엄　중 등 지 심 귀 명 례

至心歸命禮　金剛上師
지 심 귀 명 례　금 강 상 사

歸依佛　歸依法　歸依僧
귀 의 불　귀 의 법　귀 의 승

我今發心　不爲自求　人天福報
아 금 발 심　불 위 자 구　인 천 복 보

聲聞緣覺　乃至權乘　諸位菩薩
성 문 연 각　내 지 권 승　제 위 보 살

부처님께 참회하고 예배드리며

큰 자비로 중생들을 애틋이 여겨
큰 기쁨에 차별 없이 제도하시는
환한 모습 빛으로써 장엄하신 분
제가 이제 정성 다해 절을 합니다. ᕮ

불생불멸 금강의 몸 부처님이여
몸과 마음 다 바쳐서 예배합니다. ᕮ

부처님과 성스런 법 청정 승가여
몸과 마음 다 바쳐서 예배합니다. ᕮ

제가 이제 발심하여 절을 올리며
하늘 복과 인간 복을 원하지 않고
성문 연각 보살 복도 원치 않으니

唯依最上乘 發菩提心 願與法界衆
유의최상승 발보리심 원여법계중

生 一時同得 阿耨多羅三邈三菩提
생 일시동득 아뇩다라삼먁삼보리

至心歸命禮
지심귀명례

十方盡虛空界 一切諸佛
시방진허공계 일체제불

至心歸命禮
지심귀명례

十方盡虛空界 一切尊法
시방진허공계 일체존법

至心歸命禮
지심귀명례

十方盡虛空界 一切賢聖僧
시방진허공계 일체현성승

至心歸命禮
지심귀명례

如來應供正徧知明行足善逝世間
여래응공정변지명행족선서세간

解無上士調御丈夫天人師佛世尊
해무상사조어장부천인사불세존

20

다만 오직 높고 바른 깨달음 향해
영원토록 도를 닦을 마음만 낼 뿐
바라노니 온 법계의 모든 중생이
한날한시 깨달음을 얻을지어다.

시방 삼세 모든 곳의 부처님이여
몸과 마음 다 바쳐서 예배합니다.
시방세계 드러나는 귀한 법이여
몸과 마음 다 바쳐서 예배합니다.
온 누리의 성스러운 청정 승가여
몸과 마음 다 바쳐서 예배합니다.

여래 응공 정변지 명행족 선서 세간해
무상사 조어장부 천인사 불세존이여
몸과 마음 다 바쳐서 예배합니다.

至心歸命禮 普光佛[1]
지심귀명례 보광불

至心歸命禮 普明佛
지심귀명례 보명불

至心歸命禮 普淨佛
지심귀명례 보정불

至心歸命禮 多摩羅跋栴檀香佛
지심귀명례 다마라발전단향불

至心歸命禮 栴檀光佛
지심귀명례 전단광불

至心歸命禮 摩尼幢佛
지심귀명례 마니당불

至心歸命禮 歡喜藏摩尼寶積佛
지심귀명례 환희장마니보적불

至心歸命禮
지심귀명례

一切世間樂見上大精進佛
일체세간락견상대정진불

---

1. 온 누리에 빛 발하는 부처님인 '보광불'부터 온갖 법이 늘 가득한 부처님 '일체법상만왕불'까지는 53불의 명
호이다. 과거 천불, 현재 천불, 미래 천불도 수행을 시작할 때 53불의 명호를 듣고 늘 불렀기 때문에 억겁의 생사
를 뛰어넘었다고 한다. 그러므로 중생의 온갖 죄업을 없애고 참회하려면 오십삼불의 명호를 늘 공경하고 부지
런히 예배를 올려야 한다.

온 누리에 빛 발하는 부처님이여
몸과 마음 다 바쳐서 예배합니다. ♪
온 세상을 두루 밝힌 부처님이여
몸과 마음 다 바쳐서 예배합니다. ♪
맑고 맑은 시방세계 부처님이여
몸과 마음 다 바쳐서 예배합니다. ♪
참 깨끗한 전단 향기 부처님이여
몸과 마음 다 바쳐서 예배합니다. ♪

빛이 나는 전단향의 부처님이여
몸과 마음 다 바쳐서 예배합니다. ♪
법을 전한 마니 깃발 부처님이여
몸과 마음 다 바쳐서 예배합니다. ♪
환희 가득 마니 보배 부처님이여
몸과 마음 다 바쳐서 예배합니다. ♪
기쁨 속에 정진하는 부처님이여
몸과 마음 다 바쳐서 예배합니다. ♪

至心歸命禮 摩尼幢燈光佛
지심귀명례 마니당등광불

至心歸命禮 慧炬照佛
지심귀명례 혜거조불

至心歸命禮 海德光明佛
지심귀명례 해덕광명불

至心歸命禮 金剛牢强普散金光佛
지심귀명례 금강뇌강보산금광불

至心歸命禮 大强精進勇猛佛
지심귀명례 대강정진용맹불

至心歸命禮 大悲光佛
지심귀명례 대비광불

至心歸命禮 慈力王佛
지심귀명례 자력왕불

至心歸命禮 慈藏佛
지심귀명례 자장불

마니 깃발 등불 광명 부처님이여
몸과 마음 다 바쳐서 예배합니다.☙
　지혜 등불 널리 비춘 부처님이여
몸과 마음 다 바쳐서 예배합니다.☙
　공덕 바다 자비의 빛 부처님이여
몸과 마음 다 바쳐서 예배합니다.☙
　금강의 몸 황금빛의 부처님이여
몸과 마음 다 바쳐서 예배합니다.☙

　용맹정진 굴건하신 부처님이여
몸과 마음 다 바쳐서 예배합니다.☙
　큰 자비로 빛이 나는 부처님이여
몸과 마음 다 바쳐서 예배합니다.☙
　끝이 없는 자비의 왕 부처님이여
몸과 마음 다 바쳐서 예배합니다.☙
　자비롭고 자비로운 부처님이여
몸과 마음 다 바쳐서 예배합니다.☙

至心歸命禮 栴檀窟莊嚴勝佛
지 심 귀 명 례 전 단 굴 장 엄 승 불

至心歸命禮 賢善首佛
지 심 귀 명 례 현 선 수 불

至心歸命禮 善意佛
지 심 귀 명 례 선 의 불

至心歸命禮 光莊嚴王佛
지 심 귀 명 례 광 장 엄 왕 불

至心歸命禮 金華光佛
지 심 귀 명 례 금 화 광 불

至心歸命禮 寶蓋照空自在力王佛
지 심 귀 명 례 보 개 조 공 자 재 력 왕 불

至心歸命禮 虛空寶華光佛
지 심 귀 명 례 허 공 보 화 광 불

至心歸命禮 琉璃莊嚴王佛
지 심 귀 명 례 유 리 장 엄 왕 불

전단 향기 장엄하는 부처님이여
몸과 마음 다 바쳐서 예배합니다.🐚
어진 마음 으뜸가는 부처님이여
몸과 마음 다 바쳐서 예배합니다.🐚
선한 마음 베푸시는 부처님이여
몸과 마음 다 바쳐서 예배합니다.🐚
계율 선정 지혜 광명 부처님이여
몸과 마음 다 바쳐서 예배합니다.🐚

황금빛 꽃 성스러운 부처님이여
몸과 마음 다 바쳐서 예배합니다.🐚
허공 밝힌 보배 빛의 부처님이여
몸과 마음 다 바쳐서 예배합니다.🐚
허공 속의 보배 꽃빛 부처님이여
몸과 마음 다 바쳐서 예배합니다.🐚
푸른 보배 유리 장엄 부처님이여
몸과 마음 다 바쳐서 예배합니다.🐚

至心歸命禮　普現色身光佛
지 심 귀 명 례　보 현 색 신 광 불

至心歸命禮　不動智光佛
지 심 귀 명 례　부 동 지 광 불

至心歸命禮　降伏衆魔王佛
지 심 귀 명 례　항 복 중 마 왕 불

至心歸命禮　才光明佛
지 심 귀 명 례　재 광 명 불

至心歸命禮　智慧勝佛
지 심 귀 명 례　지 혜 승 불

至心歸命禮　彌勒仙光佛
지 심 귀 명 례　미 륵 선 광 불

至心歸命禮　善寂月音妙尊智王佛
지 심 귀 명 례　선 적 월 음 묘 존 지 왕 불

至心歸命禮　世淨光佛
지 심 귀 명 례　세 정 광 불

황금빛 몸 드러나는 부처님이여
몸과 마음 다 바쳐서 예배합니다.
부동심의 지혜 광명 부처님이여
몸과 마음 다 바쳐서 예배합니다.
모든 마군 항복 받는 부처님이여
몸과 마음 다 바쳐서 예배합니다.
온갖 재능 빛이 나는 부처님이여
몸과 마음 다 바쳐서 예배합니다.

세상 밝힐 지혜 갖춘 부처님이여
몸과 마음 다 바쳐서 예배합니다.
도솔천의 미륵보살 부처님이여
몸과 마음 다 바쳐서 예배합니다.
적멸 미묘 달빛 지혜 부처님이여
몸과 마음 다 바쳐서 예배합니다.
온 누리의 청정한 빛 부처님이여
몸과 마음 다 바쳐서 예배합니다.

至心歸命禮 龍種上尊王佛
지심귀명례 용종상존왕불

至心歸命禮 日月光佛
지심귀명례 일월광불

至心歸命禮 日月珠光佛
지심귀명례 일월주광불

至心歸命禮 慧幢勝王佛
지심귀명례 혜당승왕불

至心歸命禮 獅子吼自在力王佛
지심귀명례 사자후자재력왕불

至心歸命禮 妙音勝佛
지심귀명례 묘음승불

至心歸命禮 常光幢佛
지심귀명례 상광당불

至心歸命禮 觀世燈佛
지심귀명례 관세등불

30

법왕들의 지혜 종자 부처님이여
몸과 마음 다 바쳐서 예배합니다.
어둠 밝힐 해와 달빛 부처님이여
몸과 마음 다 바쳐서 예배합니다.
햇빛 달빛 밝은 구슬 부처님이여
몸과 마음 다 바쳐서 예배합니다.
지혜 깃발 펄럭이는 부처님이여
몸과 마음 다 바쳐서 예배합니다.

우렁차게 설법하는 부처님이여
몸과 마음 다 바쳐서 예배합니다.
아름답고 묘한 소리 부처님이여
몸과 마음 다 바쳐서 예배합니다.
늘 빛나는 법문 깃발 부처님이여
몸과 마음 다 바쳐서 예배합니다.
세간 보는 지혜 등불 부처님이여
몸과 마음 다 바쳐서 예배합니다.

至心歸命禮 慧威燈王佛
지심귀명례 혜위등왕불

至心歸命禮 法勝王佛
지심귀명례 법승왕불

至心歸命禮 須彌光佛
지심귀명례 수미광불

至心歸命禮 須曼那華光佛
지심귀명례 수만나화광불

至心歸命禮 優曇波羅華殊勝王佛
지심귀명례 우담바라화수승왕불

至心歸命禮 大慧力王佛
지심귀명례 대혜력왕불

至心歸命禮 阿閦毘歡喜光佛
지심귀명례 아촉비환희광불

至心歸命禮 無量音聲王佛
지심귀명례 무량음성왕불

위엄 갖춘 지혜 등불 부처님이여
몸과 마음 다 바쳐서 예배합니다.
뛰어나신 지혜 법왕 부처님이여
몸과 마음 다 바쳐서 예배합니다.
수미산의 지혜 광명 부처님이여
몸과 마음 다 바쳐서 예배합니다.
아름다운 꽃빛 광명 부처님이여
몸과 마음 다 바쳐서 예배합니다.

우담바라 꽃이 피는 부처님이여
몸과 마음 다 바쳐서 예배합니다.
으뜸가는 지혜의 왕 부처님이여
몸과 마음 다 바쳐서 예배합니다.
환히 빛난 동방의 옥 부처님이여
몸과 마음 다 바쳐서 예배합니다.
법 설하는 온갖 음성 부처님이여
몸과 마음 다 바쳐서 예배합니다.

至心歸命禮　才光佛
지 심 귀 명 례　재 광 불

至心歸命禮　金海光佛
지 심 귀 명 례　금 해 광 불

至心歸命禮　山海慧自在通王佛
지 심 귀 명 례　산 해 혜 자 재 통 왕 불

至心歸命禮　大通光佛
지 심 귀 명 례　대 통 광 불

至心歸命禮　一切法常滿王佛
지 심 귀 명 례　일 체 법 상 만 왕 불

至心歸命禮　釋迦牟尼佛[1]
지 심 귀 명 례　석 가 모 니 불

至心歸命禮　金剛不壞佛
지 심 귀 명 례　금 강 불 괴 불

至心歸命禮　寶光佛
지 심 귀 명 례　보 광 불

---

1. 석가모니 부처님부터 보배 연꽃 열반의 꽃 부처님 '보련화선주사라수왕불'까지는 35불이다. 부처님 마음을
　공부하는 사람들은 늘 이 서른다섯 분의 부처님께 예배를 올리고 참회하기를 하루도 빠짐없이 해야 한다.

상서로운 온갖 재능 부처님이여
몸과 마음 다 바쳐서 예배합니다. 🔔
　금빛 바다 지혜 광명 부처님이여
몸과 마음 다 바쳐서 예배합니다. 🔔
　산과 바다 지혜 자재 부처님이여
몸과 마음 다 바쳐서 예배합니다. 🔔
　온 누리를 환히 밝힌 부처님이여
몸과 마음 다 바쳐서 예배합니다. 🔔

　온갖 법이 늘 가득한 부처님이여
몸과 마음 다 바쳐서 예배합니다. 🔔
　대자대비 석가모니 부처님이여
몸과 마음 다 바쳐서 예배합니다. 🔔
　영원토록 변치 않는 부처님이여
몸과 마음 다 바쳐서 예배합니다. 🔔
　보배 빛의 상서로운 부처님이여
몸과 마음 다 바쳐서 예배합니다. 🔔

至心歸命禮 龍尊王佛
지 심 귀 명 례 용 존 왕 불

至心歸命禮 精進軍佛
지 심 귀 명 례 정 진 군 불

至心歸命禮 精進喜佛
지 심 귀 명 례 정 진 희 불

至心歸命禮 寶火佛
지 심 귀 명 례 보 화 불

至心歸命禮 寶月光佛
지 심 귀 명 례 보 월 광 불

至心歸命禮 現無愚佛
지 심 귀 명 례 현 무 우 불

至心歸命禮 寶月佛
지 심 귀 명 례 보 월 불

至心歸命禮 無垢佛
지 심 귀 명 례 무 구 불

이 세상에 왕 중의 왕 부처님이여
몸과 마음 다 바쳐서 예배합니다.
  끝임없이 정진하는 부처님이여
몸과 마음 다 바쳐서 예배합니다.
  정진으로 기쁨 삼는 부처님이여
몸과 마음 다 바쳐서 예배합니다.
  타오르는 보배 불꽃 부처님이여
몸과 마음 다 바쳐서 예배합니다.

  텅 빈 허공 보배 달빛 부처님이여
몸과 마음 다 바쳐서 예배합니다.
  어리석음 다 사라진 부처님이여
몸과 마음 다 바쳐서 예배합니다.
  보배 달빛 지혜 광명 부처님이여
몸과 마음 다 바쳐서 예배합니다.
  번뇌 없어 청정하신 부처님이여
몸과 마음 다 바쳐서 예배합니다.

至心歸命禮 離垢佛
지 심 귀 명 례 이 구 불

至心歸命禮 勇施佛
지 심 귀 명 례 용 시 불

至心歸命禮 清淨佛
지 심 귀 명 례 청 정 불

至心歸命禮 清淨施佛
지 심 귀 명 례 청 정 시 불

至心歸命禮 娑留那佛
지 심 귀 명 례 사 류 나 불

至心歸命禮 水天佛
지 심 귀 명 례 수 천 불

至心歸命禮 堅德佛
지 심 귀 명 례 견 덕 불

至心歸命禮 栴檀功德佛
지 심 귀 명 례 전 단 공 덕 불

생사 떠나 청정하신 부처님이여
몸과 마음 다 바쳐서 예배합니다.
아낌없이 베푸시는 부처님이여
몸과 마음 다 바쳐서 예배합니다.
망념 없어 청정하신 부처님이여
몸과 마음 다 바쳐서 예배합니다.
그 자체가 청정한 삶 부처님이여
몸과 마음 다 바쳐서 예배합니다.

불생불멸 감로수 법 부처님이여
몸과 마음 다 바쳐서 예배합니다.
푸른 호수 맑은 하늘 부처님이여
몸과 마음 다 바쳐서 예배합니다.
지혜 공덕 영원하신 부처님이여
몸과 마음 다 바쳐서 예배합니다.
향기로운 전단 공덕 부처님이여
몸과 마음 다 바쳐서 예배합니다.

至心歸命禮 無量掬光佛
지 심 귀 명 례 무 량 국 광 불

至心歸命禮 光德佛
지 심 귀 명 례 광 덕 불

至心歸命禮 無憂德佛
지 심 귀 명 례 무 우 덕 불

至心歸命禮 那羅延佛
지 심 귀 명 례 나 라 연 불

至心歸命禮 功德華佛
지 심 귀 명 례 공 덕 화 불

至心歸命禮 蓮華光遊戲神通佛
지 심 귀 명 례 연 화 광 유 희 신 통 불

至心歸命禮 才功德佛
지 심 귀 명 례 재 공 덕 불

至心歸命禮 德念佛
지 심 귀 명 례 덕 념 불

한량없이 빛 발하는 부처님이여
몸과 마음 다 바쳐서 예배합니다.🍃
　자비로운 빛의 공덕 부처님이여
몸과 마음 다 바쳐서 예배합니다.🍃
　근심 걱정 없는 공덕 부처님이여
몸과 마음 다 바쳐서 예배합니다.🍃
　변치 않는 금강의 몸 부처님이여
몸과 마음 다 바쳐서 예배합니다.🍃

　공덕으로 피어난 꽃 부처님이여
몸과 마음 다 바쳐서 예배합니다.🍃
　연꽃에서 빛난 신통 부처님이여
몸과 마음 다 바쳐서 예배합니다.🍃
　그 바탕이 공덕이신 부처님이여
몸과 마음 다 바쳐서 예배합니다.🍃
　공덕으로 살아가는 부처님이여
몸과 마음 다 바쳐서 예배합니다.🍃

至心歸命禮 善名稱功德佛
지심귀명례 선명칭공덕불

至心歸命禮 紅燄帝幢王佛
지심귀명례 홍염제당왕불

至心歸命禮 善遊步功德佛
지심귀명례 선유보공덕불

至心歸命禮 鬪戰勝佛
지심귀명례 투전승불

至心歸命禮 善遊步佛
지심귀명례 선유보불

至心歸命禮 周币莊嚴功德佛
지심귀명례 주잡장엄공덕불

至心歸命禮 寶華遊步佛
지심귀명례 보화유보불

至心歸命禮
지심귀명례

寶蓮華善住娑羅樹王佛
보련화선주사라수왕불

명망 높은 묘한 공덕 부처님이여
몸과 마음 다 바쳐서 예배합니다.🌼
밝은 불빛 제석 깃발 부처님이여
몸과 마음 다 바쳐서 예배합니다.🌼
걸음걸음 선한 공덕 부처님이여
몸과 마음 다 바쳐서 예배합니다.🌼
삿된 것을 타파하는 부처님이여
몸과 마음 다 바쳐서 예배합니다.🌼

걸림 없는 중생 교화 부처님이여
몸과 마음 다 바쳐서 예배합니다.🌼
겹겹으로 장엄 공덕 부처님이여
몸과 마음 다 바쳐서 예배합니다.🌼
걸음걸음 보배 연꽃 부처님이여
몸과 마음 다 바쳐서 예배합니다.🌼
보배 연꽃 열반의 꽃 부처님이여
몸과 마음 다 바쳐서 예배합니다.🌼

至心歸命禮 法界藏身阿彌陀佛

지심귀명례 법계장신아미타불

如是等 一切世界 諸佛世尊

여시등 일체세계 제불세존

常住在世 是諸世尊 當慈念我

상주재세 시제세존 당자염아

若我此生 若我前生

약아차생 약아전생

從無始生死以來 所作衆罪

종무시생사이래 소작중죄

若自作 若敎他作 見作隨喜

약자작 약교타작 견작수희

若塔若僧 若四方僧物

약탑약승 약사방승물

若自取 若敎他取 見取隨喜

약자취 약교타취 견취수희

법계 자체 빛과 생명 부처님이여
몸과 마음 다 바쳐서 예배합니다.🍀

이와 같은 모든 세계 부처님이여
어느 때나 중생들과 함께하시며
자비로운 마음으로 살펴 주소서.

제가 이제 지난날을 생각해 보면
이생이나 전생이나 저 먼 생부터
끊임없이 윤회하며 지은 죄업들
이 모든 것 저 혼자서 짓기도 하고
다른 이를 교사하여 짓게도 하며
나쁜 일들 보고 따라 기뻐했었네.

절집에서 스님들이 쓰는 물건을
제 것인 양 내 맘대로 갖기도 하고
다른 이를 교사하여 갖게도 하며
이런 일들 지켜보고 기뻐했었네.

五無間罪
오 무 간 죄

若自作　若敎他作　見作隨喜
약 자 작　약 교 타 작　견 작 수 희

十不善道
십 불 선 도

若自作　若敎他作　見作隨喜
약 자 작　약 교 타 작　견 작 수 희

所作罪障
소 작 죄 장

或有覆藏　或不覆藏
혹 유 부 장　혹 불 부 장

應墮地獄　餓鬼畜生
응 타 지 옥　아 귀 축 생

諸餘惡趣　邊地下賤　及蔑戾車
제 여 악 취　변 지 하 천　급 멸 려 차

무간지옥 떨어지는 무거운 죄도
이 모든 것 저 혼자서 짓기도 하고
다른 이를 교사하여 짓게도 하며
죄짓는 것 지켜보고 기뻐했었네.

몸과 말과 생각으로 짓는 나쁜 죄
이 모든 것 저 혼자서 짓기도 하며
다른 이를 교사하여 짓게도 하며
나쁜 일들 지켜보고 기뻐했었네.

이와 같이 지어 왔던 모든 죄업이
어떤 것은 지금까지 마음에 남고
어떤 것은 아득하여 알 수 없지만
지은 죄로 오는 과보 알게 모르게
지옥 아귀 축생계로 떨어지거나
험한 세상 천한 모습 태어나는 일.

如是等處 所作罪障 今皆懺悔
여시등처 소작죄장 금개참회

今 諸佛世尊 當證知我 當憶念我
금 제불세존 당증지아 당억념아

我復於諸佛世尊前 作如是言
아부어제불세존전 작여시언

若我此生 若我餘生 曾行布施
약아차생 약아여생 증행보시

或守淨戒 乃至施與畜生 一搏之食
혹수정계 내지시여축생 일단지식

或修淨行 所有善根 成就衆生 所
혹수정행 소유선근 성취중생 소

有善根 修行菩提 所有善根 及無
유선근 수행보리 소유선근 급무

上智 所有善根 一切合集 校計籌
상지 소유선근 일체합집 교계주

量 皆悉回向 阿耨多羅三藐三菩提
량 개실회향 아뇩다라삼막삼보리

이와 같이 지은 죄를 낱낱이 모두
몸과 마음 다 바쳐서 참회합니다.

이 자리에 함께하신 부처님이여
저희들의 온갖 일을 다 아시면서
자비로운 마음으로 살펴 주시니
제가 다시 부처님께 아뢰옵니다.

이날까지 항상 제가 살아오면서
보시하고 향기로운 삶을 살고자
짐승에게 먹이 한 입 준 일로부터
깨끗한 행 닦고 익힌 모든 선근과
중생들을 일깨워 준 착한 마음과
깨달음을 닦아가는 마음의 뿌리
큰 깨달음 지혜로써 나타난 공덕
이 모두를 함께 모아 공양 올리며
높고 바른 깨달음에 회향합니다.

如過去未來 現在諸佛
여 과 거 미 래 현 재 제 불

所作回向 我亦如是回向
소 작 회 향 아 역 여 시 회 향

衆罪皆懺悔 諸福盡隨喜
중 죄 개 참 회 제 복 진 수 희

及請佛功德 願成無上智
급 청 불 공 덕 원 성 무 상 지

去來現在佛 於衆生最勝
거 래 현 재 불 어 중 생 최 승

無量功德海 我今歸命禮
무 량 공 덕 해 아 금 귀 명 례

所有十方世界中 三世一切人師子
소 유 시 방 세 계 중 삼 세 일 체 인 사 자

我以淸淨身語意 一切徧禮盡無餘
아 이 청 정 신 어 의 일 체 변 례 진 무 여

과거 현재 미래 모든 부처님께서
온갖 공덕 남김없이 회향하듯이
저도 이제 그와 같이 회향합니다.

제가 이제 모든 죄를 참회하옵고
온갖 복덕 그 기쁨을 함께 누리며
부처님께 법을 청한 그 공덕으로
깨달음 그 큰 지혜를 이룰지어다.

과거 현재 미래 모든 부처님께서
고통 받는 이 세상의 중생을 위해
많고 많은 참 공덕의 바다가 되니
제가 이제 마음 다해 절을 합니다. 🎧

시방세계 곳곳마다 계신 부처님
과거 현재 미래 모든 중생의 스승
맑디맑은 몸과 말과 뜻을 모아서
빠짐없이 제가 이제 예배하고자

普賢行願威神力　普現一切如來前
보현행원위신력　보현일체여래전

一身復現刹塵身　一一徧禮刹塵佛
일신부현찰진신　일일변례찰진불

於一塵中塵數佛　各處菩薩衆會中
어일진중진수불　각처보살중회중

無盡法界塵亦然　深信諸佛皆充滿
무진법계진역연　심신제불개충만

各以一切音聲海　普出無盡妙言詞
각이일체음성해　보출무진묘언사

盡於未來一切劫　讚佛甚深功德海
진어미래일체겁　찬불심심공덕해

보현행원 그 위업과 신통력으로
두루 모든 부처님을 알현하오니
한 몸에서 한량없는 몸을 나투어
많고 많은 부처님께 예배합니다.⌾

티끌처럼 많고 많은 부처님 처소
각처에서 오신 보살 모두 모이니
무진 법계 곳곳마다 이와 같아서
부처님을 믿는 마음 충만하므로

각양각색 아름다운 음성으로써
끊임없이 부처님의 명호 부르며
오는 미래 모든 세상 다할 때까지
부처님의 공덕 바다 찬탄합니다.⌾

以諸最勝妙華鬘　妓樂塗香及傘蓋
이 제 최 승 묘 화 만　기 악 도 향 급 산 개

如是最勝莊嚴具　我以供養諸如來
여 시 최 승 장 엄 구　아 이 공 양 제 여 래

最勝衣服最勝香　末香燒香與燈燭
최 승 의 복 최 승 향　말 향 소 향 여 등 촉

一一皆如妙高聚　我悉供養諸如來
일 일 개 여 묘 고 취　아 실 공 양 제 여 래

我以廣大勝解心　深信一切三世佛
아 이 광 대 승 해 심　심 신 일 체 삼 세 불

悉以普賢行願力　普徧供養諸如來
실 이 보 현 행 원 력　보 변 공 양 제 여 래

아름답기 그지없는 온갖 꽃다발
좋은 음악 좋은 향과 햇빛가리개
이와 같은 가장 좋은 공양물로써
제가 이제 부처님께 공양 올리고

으뜸가는 좋은 의복 좋은 향들과
가루 향과 태우는 향 지혜의 등불
이들 모두 수미산의 높이로 모아
빠짐없이 부처님께 공양 올리며

크고 넓은 슬기로운 마음으로써
시방 삼세 부처님을 깊게 믿으며
보현보살 보살행과 원력으로써
두루 모든 부처님께 공양합니다.

我昔所造諸惡業 皆由無始貪瞋癡
아 석 소 조 제 악 업　개 유 무 시 탐 진 치

從身語意之所生 一切我今皆懺悔
종 신 어 의 지 소 생　일 체 아 금 개 참 회

十方一切諸衆生
시 방 일 체 제 중 생

二乘[1]有學[2]及無學
이 승 유 학 급 무 학

一切如來與菩薩 所有功德皆隨喜
일 체 여 래 여 보 살　소 유 공 덕 개 수 희

十方所有世間燈 最初成就菩提者
시 방 소 유 세 간 등　최 초 성 취 보 리 자

我今一切皆勸請 轉於無上妙法輪
아 금 일 체 개 권 청　전 어 무 상 묘 법 륜

---

1. 성문聲聞은 부처님의 가르침을 듣고 공부하는 수행자이며, 벽지불辟支佛이라고도 불리는 연각緣覺은 연기법의 이치를 스스로 터득한 수행자를 말한다. 이 둘을 이승이라고 한다.
2. 유학은 아직 번뇌가 남아 있는 수행자이다. 더 배울 것이 없는 무학의 경지인 아라한에 이르기 위하여 공부하는 단계에 있다.

전생부터 지어왔던 모든 악업은
탐욕 성냄 어리석음 말미암은 것
몸과 입과 뜻으로써 쌓은 죄업들
이 모든 것 제가 이제 참회합니다. ✑

시방세계 모든 중생 성문 연각과
공부하는 수행자와 거룩한 성현
부처님과 온갖 보살 다 지닌 공덕
제가 이제 그 공덕을 기뻐합니다. ✑

시방세계 밝혀 주는 세간의 등불
가장 먼저 깨달음을 이루신 분께
높고 높은 묘한 법문 설해주시길
제가 이제 마음 다해 청하옵니다. ✑

諸佛若欲示涅槃　我悉至誠而勸請
제 불 약 욕 시 열 반　아 실 지 성 이 권 청

惟願久住刹塵劫　利樂一切諸衆生
유 원 구 주 찰 진 겁　이 락 일 체 제 중 생

所有禮讚供養佛　請佛住世轉法輪
소 유 예 찬 공 양 불　청 불 주 세 전 법 륜

隨喜懺悔諸善根　回向衆生及佛道
수 희 참 회 제 선 근　회 향 중 생 급 불 도

願將以此勝功德　回向無上眞法界
원 장 이 차 승 공 덕　회 향 무 상 진 법 계

性相佛法及僧伽　二諦融通三昧印
성 상 불 법 급 승 가　이 제 융 통 삼 매 인

如是無量功德海　我今皆悉盡回向
여 시 무 량 공 덕 해　아 금 개 실 진 회 향

부처님이 열반하는 모습 보일 때
오래오래 이 세상에 머무르시며
모든 중생 교화하고 이익 주시길
제가 이제 마음 다해 청하옵니다.

부처님께 예배 찬탄 공양 올리며
오래오래 설법하길 청하오면서
기쁨 속에 참회하는 이 공덕 모두
중생들과 부처님께 회향합니다.

바라오니 이 뛰어난 모든 공덕을
높고 높은 참 법계에 회향하옵고

이치로나 모습으로 드러난 삼보
세간이나 출세간에 걸림이 없는
불법승의 청정 삼매 무량한 공덕
이 모두를 제가 이제 회향합니다.

所有衆生身口意 見惑彈謗我法等
소 유 중 생 신 구 의　견 혹 탄 방 아 법 등

如是一切諸業障 悉皆消滅盡無餘
여 시 일 체 제 업 장　실 개 소 멸 진 무 여

念念智周於法界 廣度衆生皆不退
염 념 지 주 어 법 계　광 도 중 생 개 불 퇴

乃至虛空世界盡 衆生及業煩惱盡
내 지 허 공 세 계 진　중 생 급 업 번 뇌 진

如是四法廣無邊 願今回向亦如是
여 시 사 법 광 무 변　원 금 회 향 역 여 시

南無 大行普賢菩薩 (3번)
나 무　대 행 보 현 보 살

부처님 법 잘못 알고 비방하는 등
중생들이 몸과 말과 뜻으로 지은
중생들의 이와 같은 온갖 업장을
제가 이제 남김없이 다 없애오니
생각마다 큰 지혜로 법계에 퍼져
모든 중생 빠짐없이 제도하리다.

허공 세계 다하면서 중생 다하고
중생의 업 다하면서 번뇌 다하니
이와 같은 모든 생멸 끝이 없기에
저의 회향 이와 같길 원하옵니다.

나무 대행보현보살 (3번)

보
현
행
원
품

爾時 普賢菩薩摩訶薩 稱歎如來
이시 보현보살마하살 칭탄여래

勝功德已 告諸菩薩及善財言。
승 공 덕 이 고 제 보 살 급 선 재 언

善男子 如來功德 假使十方一切諸
선 남 자 여 래 공 덕 가 사 시 방 일 체 제

佛 經不可說不可說 佛刹極微塵數
불 경 불 가 설 불 가 설 불 찰 극 미 진 수

劫 相續演說 不可窮盡。 若欲成就
겁 상 속 연 설 불 가 궁 진 약 욕 성 취

此功德門 應修十種 廣大行願。
차 공 덕 문 응 수 십 종 광 대 행 원

何等爲十。
하 등 위 십

一者 禮敬諸佛
일 자 예 경 제 불

二者 稱讚如來 三者 廣修供養
이 자 칭 찬 여 래 삼 자 광 수 공 양

1장. 열 가지 원력과 보살행

보현보살이 여래의 뛰어난 공덕을 찬탄한 뒤에 보살들과 선재동자에게 말씀하셨다.

선남자여, 여래의 공덕은 설사 시방세계 모든 부처님이 영원토록 말하여도 다 말할 수 있는 것이 아니다. 이런 공덕을 성취하려면 크나큰 원력으로 열 가지 보살행을 닦아야 한다.

무엇이 크나큰 원력으로 닦는 열 가지 보살행인가?

첫 번째 보살행은 모든 부처님을 공경하고 예배하는 것이고, 두 번째 보살행은 모든 여래를 찬탄하는 것이며, 세 번째 보살행은 모든 부처님께 널리 공양을 올리는 것이다.

四者 懺除業障
사 자 참 제 업 장

五者 隨喜功德
오 자 수 희 공 덕

六者 請轉法輪
육 자 청 전 법 륜

七者 請佛住世
칠 자 청 불 주 세

八者 常隨佛學
팔 자 상 수 불 학

九者 恒順衆生 十者 普皆廻向。
구 자 항 순 중 생 십 자 보 개 회 향

善財白言。
선 재 백 언

大聖 云何禮敬 乃至廻向。
대 성 운 하 예 경 내 지 회 향

네 번째 보살행은 부처님 앞에서 업장을 참회하여 없애는 것이고, 다섯 번째 보살행은 부처님의 공덕을 함께 기뻐하는 것이며, 여섯 번째 보살행은 법을 설하여 주시기를 간청하는 것이다.

일곱 번째 보살행은 이 세상에 선지식으로 부처님이 오래 계셔 줄 것을 간청하는 것이고, 여덟 번째 보살행은 늘 부처님의 가르침을 따르며 배우는 것이다. 아홉 번째 보살행은 중생의 바람을 항상 들어주는 것이고, 열 번째 보살행은 수행의 공덕을 모두 빠짐없이 뭇 중생에게 회향하는 것이다.

선재동자가 말하였다.
"보현보살님이시여, 부처님을 어떻게 공경하고 예배드리며 이를 통하여 생긴 공덕은 어떻게 회향해야 합니까?"

○ 禮敬諸佛

普賢菩薩 告善財言。
보현보살 고선재언

善男子 言禮敬諸佛者
선남자 언예경제불자

所有盡法界虛空界 十方三世一切
소유진법계허공계 시방삼세일체

佛刹極微塵數 諸佛世尊 我以普賢
불찰극미진수 제불세존 아이보현

行願力故 深心信解 如對目前 悉
행원력고 심심신해 여대목전 실

以淸淨 身語意業 常修禮敬。
이청정 신어의업 상수예경

一一佛所 皆現不可說不可說 佛刹
일일불소 개현불가설불가설 불찰

極微塵數身 一一身徧禮 不可說不
극미진수신 일일신변례 불가설불

可說 佛刹極微塵數佛。
가설 불찰극미진수불

68

1. 부처님을 공경하고 예배하다

보현보살이 선재동자에게 말씀하셨다.

선재동자여, 모든 부처님을 공경하고 예배한다
는 것은 무엇을 말하는가?

그것은 한량없이 많고 많은 시방 삼세 모든 불세
존을 우리의 원력과 보살행으로 깊이 믿어, 눈앞
에 다 모셔 놓은 듯 빠짐없이 모든 분에게 청정
한 몸과 마음으로 늘 공경하고 예배하는 것이다.

말로 표현할 수 없이 많은 부처님의 국토 곳곳마
다 계신 부처님 한 분 한 분께 수도 없이 이 몸을
드러내어 일일이 예배드려야 한다.

虛空界盡　我禮乃盡　以虛空界
허 공 계 진　아 예 내 진　이 허 공 계

不可盡故　我此禮敬　無有窮盡。
불 가 진 고　아 차 예 경　무 유 궁 진

如是乃至　衆生界盡　衆生業盡
여 시 내 지　중 생 계 진　중 생 업 진

衆生煩惱盡　我禮乃盡
중 생 번 뇌 진　아 예 내 진

而衆生界　乃至　煩惱無有盡故
이 중 생 계　내 지　번 뇌 무 유 진 고

我此禮敬　無有窮盡。
아 차 예 경　무 유 궁 진

念念相續　無有間斷
염 념 상 속　무 유 간 단

身語意業　無有疲厭。
신 어 의 업　무 유 피 염

70

허공계가 사라진다면 우리의 공경과 예배도 끝이 있겠지만, 허공계는 사라질 수 있는 것이 아니므로 우리의 공경과 예배도 그 끝이 없어야 한다.

이처럼 중생의 세계가 다하여 중생의 업이 사라지고 중생의 번뇌가 다 없어진다면 우리의 공경과 예배도 끝이 있겠지만, 중생의 세계와 중생의 번뇌는 그 끝이 없으므로 우리의 공경과 예배도 그 끝이 없어야 한다.

이처럼 공경과 예배가 생각마다 이어져 끊어질 새가 없는 것은, 청정한 몸과 마음에서 올리는 공경과 예배에 조금이라도 지치거나 싫어하는 마음이 없기 때문이다.

○ 稱讚如來

復次 善男子 言稱讚如來者 所有
부차 선남자 언칭찬여래자 소유

盡法界虛空界 十方三世 一切刹土
진법계허공계 시방삼세 일체찰토

所有極微 一一塵中 皆有一切世界
소유극미 일일진중 개유일체세계

極微塵數佛 一一佛所 皆有菩薩
극미진수불 일일불소 개유보살

海會圍遶。我當 悉以甚深 勝解現
해회위요 아당 실이심심 승해현

前知見 各以出過 辯才天女 微妙
전지견 각이출과 변재천녀 미묘

舌根。一一舌根 出無盡音聲海 一
설근 일일설근 출무진음성해 일

一音聲 出一切言詞海 稱揚讚歎
일음성 출일체언사해 칭양찬탄

一切如來 諸功德海。
일체여래 제공덕해

72

2. 모든 여래를 찬탄하다

또 선재동자여, 모든 여래를 찬탄한다는 것은 무엇을 말하는가?

한량없이 많고 많은 시방 삼세 모든 불국토의 지극히 작은 티끌 하나하나마다 모든 세계 티끌 수만큼의 많은 부처님이 있는데, 한 분 한 분 부처님 처소에는 수많은 보살 대중이 부처님을 빙 둘러 에워싸고 있으니,
우리는 곳곳의 부처님 처소에서 깊은 이해에서 나온 뛰어난 지견으로, 말 잘하는 천상의 선녀보다 더 아름답게 부처님을 찬탄해야 한다.
하나하나의 말에서 끝없이 아름다운 음성이 흘러나와야 하며, 아름다운 음성마다 부족함이 없는 온갖 언사로 모든 여래의 온갖 공덕을 찬탄해야 한다.

窮未來際　相續不斷
궁 미 래 제　상 속 부 단

盡於法界　無不周徧。
진 어 법 계　무 불 주 변

如是虛空界盡　衆生界盡
여 시 허 공 계 진　중 생 계 진

衆生業盡　衆生煩惱盡　我讚乃盡
중 생 업 진　중 생 번 뇌 진　아 찬 내 진

而虛空界　乃至　煩惱無有盡故
이 허 공 계　내 지　번 뇌 무 유 진 고

我此讚歎　無有窮盡。
아 차 찬 탄　무 유 궁 진

念念相續　無有間斷
염 념 상 속　무 유 간 단

身語意業　無有疲厭。
신 어 의 업　무 유 피 염

영원토록 이 찬탄이 이어져 끊어지지 않으니, 온 법계에 찬탄하는 소리가 들리지 않는 곳이 없어야 한다.

허공계가 다하고 중생의 세계가 다하여 중생의 업이 사라지고 중생의 번뇌가 다 없어진다면, 우리가 부처님을 찬탄하는 것도 끝이 있겠지만, 허공계와 중생의 번뇌는 그 끝이 없으므로 우리가 부처님을 찬탄하는 것도 그 끝이 없어야 한다.

이와 같은 찬탄이 생각마다 이어져 끊어질 새가 없는 것은, 청정한 몸과 말과 마음에서 올리는 찬탄에 조금이라도 지치거나 싫어하는 마음이 없기 때문이다.

○ 廣修供養

復次 善男子 言廣修供養者
부차 선남자 언광수공양자

所有盡法界虛空界 十方三世 一切
소유진법계허공계 시방삼세 일체

佛刹極微塵中 一一各有 一切世界
불찰극미진중 일일각유 일체세계

極微塵數佛 一一佛所 種種菩薩海
극미진수불 일일불소 종종보살해

會圍遶。
회위요

我以普賢行願力故 起深信解
아이보현행원력고 기심신해

現前知見 悉以上妙 諸供養具
현전지견 실이상묘 제공양구

而爲供養。
이위공양

3. 모든 부처님께 공양을 올리다

또 선재동자여, 모든 부처님께 공양을 올린다는
것은 무엇을 말하는가?

한량없이 많고 많은 시방 삼세 모든 불국토의
지극히 작은 티끌 하나하나마다 모든 세계 티끌
수만큼의 많은 부처님이 있는데, 한 분 한 분의
부처님 처소에는 온갖 수많은 보살 대중이 부처
님을 빙 둘러 에워싸고 있으니,

그 장소마다 우리는 원력과 보살행에서 나오는
깊은 믿음과 뛰어난 지혜를 갖추고 빠짐없이 미
묘한 온갖 공양구로 공양을 올려야 한다.

所謂 華雲鬘雲 天音樂雲
소위 화운만운 천음악운

天傘蓋雲 天衣服雲 天種種香
천산개운 천의복운 천종종향

塗香 燒香 末香 如是等雲
도향 소향 말향 여시등운

一一量 如須彌山王。
일일량 여수미산왕

然種種燈 酥燈 油燈 諸香油燈
연종종등 소등 유등 제향유등

一一燈炷 如須彌山 一一燈油
일일등주 여수미산 일일등유

如大海水 以如是等 諸供養具
여대해수 이여시등 제공양구

常爲供養。
상위공양

이른바 꽃이나 머리 장식, 하늘나라 음악과 햇빛가리개, 아름다운 의복이며 하늘나라의 온갖 향과 바르는 향 및 태우는 향과 가루 향 등을 하늘의 뭉게구름처럼 쌓아 올려, 하나하나 그 양이 세상에서 제일 높은 수미산만큼이나 되어야 한다.

그리고 온갖 등불을 켜는데, 버터 등불이나 기름 등불 등 좋은 냄새가 나는 갖가지 향기로운 등불이어야 한다. 등불 하나하나의 심지는 수미산만큼이나 높아야 하고, 등불 하나하나의 기름은 큰 바닷물만큼이나 많아야 한다. 이와 같은 각양각색의 공양구로 늘 공양을 올려야 한다.

善男子 諸供養中 法供養最。
선 남 자 제 공 양 중 법 공 양 최

所謂 如說修行供養 利益衆生供養
소 위 여 설 수 행 공 양 이 익 중 생 공 양

攝受衆生供養 代衆生苦供養 勤修
섭 수 중 생 공 양 대 중 생 고 공 양 근 수

善根供養 不捨菩薩業供養 不離菩
선 근 공 양 불 사 보 살 업 공 양 불 리 보

提心供養。
리 심 공 양

善男子 如前供養 無量功德 比法
선 남 자 여 전 공 양 무 량 공 덕 비 법

供養 一念功德 百分不及一 千分
공 양 일 념 공 덕 백 분 불 급 일 천 분

不及一 百千俱胝那由他分 迦羅分
불 급 일 백 천 구 지 나 유 타 분 가 라 분

算分 數分 喻分 優波尼沙陀分[1]
산 분 수 분 유 분 우 파 니 사 타 분

亦不及一。
역 불 급 일

---

1. '우파니사타분'은 지극히 적은 수량을 뜻하는 산스크리트어이다.

선재동자여, 하지만 모든 공양 가운데 최고의 공양은 법공양이다.

이른바 부처님의 가르침대로 수행하는 것, 모든 중생에게 이익을 주는 것, 온갖 중생을 거두어 보살피는 것, 중생의 고통을 대신하는 것, 선근을 부지런히 닦는 것, 보살행을 저버리지 않는 것, 보리심을 떠나지 않는 것을 말한다.

선재동자여, 앞서 말한 공양으로 쌓은 헤아릴 수 없이 많은 공덕도 법공양을 올리는 한 생각 공덕에 비교해 본다면,
그 공덕은 백 분의 일, 천 분의 일, 백 천억 분의 일에도 미치지 못하니,

법공양을 올린 공덕은 어떤 셈법으로도 비교할 수 있는 것이 아니기 때문이다.

何以故 以諸如來 尊重法故
하 이 고 이 제 여 래 존 중 법 고

以如說行 出生諸佛故。
이 여 설 행 출 생 제 불 고

若諸菩薩 行法供養 則得成就供養
약 제 보 살 행 법 공 양 즉 득 성 취 공 양

如來 如是修行 是眞供養故。
여 래 여 시 수 행 시 진 공 양 고

此廣大最勝供養。 虛空界盡 衆生
차 광 대 최 승 공 양 허 공 계 진 중 생

界盡 衆生業盡 衆生煩惱盡 我供
계 진 중 생 업 진 중 생 번 뇌 진 아 공

乃盡 而虛空界 乃至 煩惱不可盡
내 진 이 허 공 계 내 지 번 뇌 불 가 진

故 我此供養 亦無有盡。
고 아 차 공 양 역 무 유 진

念念相續 無有間斷
염 념 상 속 무 유 간 단

身語意業 無有疲厭。
신 어 의 업 무 유 피 염

82

모든 여래가 법을 존중하는 까닭은 법을 설한대로 실천한다면 모두 부처님이 될 수 있기 때문이다.

보살이 법공양을 실천하면 바로 여래에게 공양을 올리는 것이니, 이런 수행이야말로 진실한 공양이며 이 공양이 가장 크고 뛰어난 공양이다.

허공계가 다하고 중생의 세계가 다하여 중생의 업이 사라지고 중생의 번뇌가 다 없어진다면, 부처님에 대한 우리의 공양도 끝이 있겠지만, 허공계와 중생의 세계와 중생의 번뇌는 끝이 없으므로 부처님께 올리는 우리의 공양도 그 끝이 없어야 한다.
이와 같은 공양이 생각마다 이어져 끊어질 새가 없는 것은, 청정한 몸과 마음에서 올리는 공양에 조금이라도 지치거나 싫어하는 마음이 없기 때문이다.

○ 懺除業障

復次 善男子 言懺除業障者
부차 선남자 언참제업장자

菩薩自念 我於過去 無始劫中 由
보살자념 아어과거 무시겁중 유

貪瞋癡 發身口意 作諸惡業 無量
탐진치 발신구의 작제악업 무량

無邊。若此惡業 有體相者 盡虛空
무변 약차악업 유체상자 진허공

界 不能容受。我今 悉以淸淨三業
계 불능용수 아금 실이청정삼업

徧於法界 極微塵刹 一切諸佛菩薩
변어법계 극미진찰 일체제불보살

衆前 誠心懺悔 後不復造 恒住淨
중전 성심참회 후불부조 항주정

戒 一切功德。
계 일체공덕

4. 업장을 참회하여 없애다

또 선재동자여, 부처님 앞에서 업장을 참회하여 없앤다는 것은 무엇을 말하는가?

보살은 스스로 생각하기를, "내가 과거 오랜 세월 윤회를 하면서, 탐욕과 성냄 어리석음으로 말미암아 입과 몸과 뜻으로 지은 온갖 악업이 헤아릴 수 없을 정도로 많구나. 이 악업이 눈에 보이는 모습을 갖고 있다면, 허공이 아무리 넓다 하여도 그 죄업을 다 담지 못할 것이다. 나는 이제 이 모든 죄악을 청정한 입과 몸과 마음으로, 법계의 지극히 작은 티끌 수만큼이나 많은 불국토의 모든 부처님과 보살 대중 한 분 한 분 앞에 나아가서 지극정성으로 참회할 것이다. 다시는 죄를 짓지 않고 항상 청정한 부처님의 아름다운 삶에서 우러나오는 모든 공덕에 머물러 살 것이다."라고 참회해야 한다.

如是虛空界盡 衆生界盡 衆生業盡
여시허공계진 중생계진 중생업진

衆生煩惱盡 我懺乃盡 而虛空界
중생번뇌진 아참내진 이허공계

乃至 衆生煩惱 不可盡故 我此懺悔
내지 중생번뇌 불가진고 아차참회

無有窮盡。
무유궁진

念念相續 無有間斷
염념상속 무유간단

身語意業 無有疲厭。
신어의업 무유피염

허공계가 다하고 중생의 세계가 다하여, 중생의 업이 사라지고 중생의 번뇌가 다 없어진다면 우리의 참회도 끝이 있겠지만, 허공계와 중생의 번뇌는 끝이 없으므로 우리의 참회도 그 끝이 없어야 한다.

이와 같은 참회가 생각마다 이어져 끊어질 새가 없는 것은, 청정한 몸과 마음에서 일어나는 참회에 조금이라도 지치거나 싫어하는 마음이 없기 때문이다.

○ 隨喜功德

復次 善男子 言隨喜功德者
부 차　선 남 자　언 수 희 공 덕 자

所有盡法界虛空界　十方三世一切
소 유 진 법 계 허 공 계　시 방 삼 세 일 체

佛刹 極微塵數諸佛如來 從初發心
불 찰　극 미 진 수 제 불 여 래　종 초 발 심

爲一切智 勤修福聚 不惜身命。
위 일 체 지　근 수 복 취　불 석 신 명

經不可說不可說佛刹極微塵數劫
경 불 가 설 불 가 설 불 찰 극 미 진 수 겁

一一劫中　捨不可說不可說佛刹極
일 일 겁 중　사 불 가 설 불 가 설 불 찰 극

微塵數 頭目手足 如是一切難行苦
미 진 수　두 목 수 족　여 시 일 체 난 행 고

行 圓滿種種波羅蜜門。
행　원 만 종 종 바 라 밀 문

88

5. 부처님의 공덕을 함께 기뻐하다

또 선재동자여, 공덕을 함께 기뻐한다는 것은 무엇을 말하는가?

시방 삼세 불국토의 한량없이 많고 많은 부처님께서는, 초발심을 일으켜 깨달음을 얻을 때까지 부지런히 복덕을 쌓는 데 목숨조차 아끼지 않으셨다.

그리고 말로 표현할 수 없을 정도로 많은 겁의 세월을 살아오면서 한 겁 한 겁의 세월마다 말로 표현할 수 없을 정도로 슬하게 자신의 머리와 눈, 손발을 바쳐가며 온갖 고행으로 부처님의 세상으로 가는 수행을 오롯이 완성하였다.

證入種種 菩薩智地
증입종종 보살지지

成就諸佛 無上菩提。
성취제불 무상보리

及般涅槃 分布舍利
급반열반 분포사리

所有善根 我皆隨喜。
소유선근 아개수희

及彼十方 一切世界 六趣四生[1]
급피시방 일체세계 육취사생

一切種類 所有功德 乃至一塵
일체종류 소유공덕 내지일진

我皆隨喜。
아개수희

十方三世 一切聲聞 及辟支佛
시방삼세 일체성문 급벽지불

有學無學 所有功德 我皆隨喜。
유학무학 소유공덕 아개수희

---

1. '육취'는 육도六道로서 중생의 여섯 갈래 길이니 지옥·아귀·축생·아수라·인간·천상이며, 사생은 태생胎生·난생卵生·습생濕生·화생化生으로 중생의 몸을 받는 것을 말한다. 즉, 육취사생이란 지옥·아귀·축생·수라·인간·천상의 육도를 중생의 몸으로 윤회하는 것을 뜻한다.

그리하여 온갖 보살의 지혜로 들어가 모든 부처님의 깨달음을 성취한 것이다.

그리고 부처님께서 열반하시자 그 사리가 온 세상에 유포되었으니, 그로 인해 생긴 부처님의 모든 공덕을 우리는 함께 기뻐해야 한다.

또한 시방 삼세 모든 중생에게 생긴 각양각색의 온갖 공덕은 말할 것도 없고, 나아가 비록 한 터럭만큼의 조그마한 공덕일지라도 이 모든 것을 우리는 함께 기뻐해야 한다.

시방 삼세 모든 성문과 연각 및 공부하는 수행자와 거룩한 성현들이 가진 온갖 공덕 이 모든 것을 우리는 함께 기뻐해야 한다.

一切菩薩 所修無量 難行苦行
일 체 보 살　소 수 무 량　난 행 고 행

志求無上 正等菩提 廣大功德
지 구 무 상　정 등 보 리　광 대 공 덕

我皆隨喜。
아 개 수 희

如是 虛空界盡 衆生界盡
여 시　허 공 계 진　중 생 계 진

衆生業盡 衆生煩惱盡
중 생 업 진　중 생 번 뇌 진

我此隨喜 無有窮盡。
아 차 수 희　무 유 궁 진

念念相續 無有間斷
염 념 상 속　무 유 간 단

身語意業 無有疲厭。
신 어 의 업　무 유 피 염

모든 보살이 헤아릴 수 없이 많은 고행을 닦아 최상의 깨달음을 구하는 그 크나큰 공덕, 이 모든 것을 우리는 함께 기뻐해야 한다.

허공계가 다하고 중생의 세계가 다하여 중생의 업이 사라지고 중생의 번뇌가 다 없어진다고 하더라도,

우리가 부처님의 공덕을 따르며 기뻐하는 일은 그 끝이 없어야 한다.

이처럼 공덕을 함께 기뻐하는 일이 생각마다 이어져 끊어질 새가 없는 것은,

청정한 몸과 마음에서 공덕을 함께 기뻐하는 일에 조금이라도 지치거나 싫어하는 마음이 없기 때문이다.

○ 請轉法輪

復次 善男子 言請轉法輪者
부차 선남자 언청전법륜자

所有盡法界虛空界 十方三世 一切
소유진법계허공계 시방삼세 일체

佛刹 極微塵中 一一各有 不可說
불찰 극미진중 일일각유 불가설

不可說 佛刹極微塵數 廣大佛刹。
불가설 불찰극미진수 광대불찰

一一刹中 念念有 不可說不可說
일일찰중 염념유 불가설불가설

佛刹極微塵數 一切諸佛 成等正
불찰극미진수 일체제불 성등정

覺。一切菩薩海會圍遶 而我悉以
각 일체보살해회위요 이아실이

身口意業 種種方便 殷勤勸請 轉
신구의업 종종방편 은근권청 전

妙法輪。
묘법륜

94

6. 법을 설해 주시기를 간청하다

또 선재동자여, 법을 설해 주시기를 간청한다는 것은 무엇을 말하는가?

한량없이 많고 많은 시방 삼세 모든 불국토의 지극히 작은 티끌 하나하나마다, 그 가운데는 말로 표현할 수 없이 많은 불국토의 지극히 작은 티끌 수만큼이나 많은 크나큰 불국토가 있다. 그 불국토에는 생각 생각마다 말로 표현할 수 없이 많은 지극히 작은 티끌 수만큼의 모든 부처님이 깨달음을 이루었다.

그 부처님들을 온갖 보살 대중이 둘러싸고 있는데, 우리는 청정한 몸과 마음으로 모든 부처님께 온갖 방편의 미묘한 법을 설하여 주시기를 간청해야 한다.

如是 虛空界盡 衆生界盡
여시 허공계진 중생계진

衆生業盡 衆生煩惱盡
중생업진 중생번뇌진

我常勸請 一切諸佛
아상권청 일체제불

轉正法輪 無有窮盡。
전정법륜 무유궁진

念念相續 無有間斷
염념상속 무유간단

身語意業 無有疲厭。
신어의업 무유피염

허공계가 다하고 중생의 세계가 다하여 중생의
업이 사라지고 중생의 번뇌가 다 없어진다고 하
여도,

우리가 언제나 모든 부처님께 정법을 설하여 주
시기를 간청하는 일은 그 끝이 없어야 한다.

이런 간청이 생각마다 이어져 끊어질 새가 없는
것은,

청정한 몸과 마음으로 간청하는 일에 조금이라
도 지치거나 싫어하는 마음이 없기 때문이다.

○ 請佛住世

復次 善男子 言請佛住世者
부차 선남자 언청불주세자

所有盡法界 虛空界 十方三世 一
소유진법계 허공계 시방삼세 일

切佛刹 極微塵數 諸佛如來 將欲
체불찰 극미진수 제불여래 장욕

示現 般涅槃者 及諸菩薩 聲聞緣
시현 반열반자 급제보살 성문연

覺 有學無學 乃至一切 諸善知識
각 유학무학 내지일체 제선지식

我悉勸請 莫入涅槃
아실권청 막입열반

經於一切 佛刹極微塵數劫
경어일체 불찰극미진수겁

爲欲利樂 一切衆生。
위욕이락 일체중생

7. 세상에 오래 머무시기를 간청하다

또 선재동자여, 이 세상에 부처님이 오래 머무시기를 간청한다는 것은 무엇을 말하는가?

시방 삼세 모든 불국토에 있는 지극히 작은 티끌 수만큼 많은 부처님이 열반에 들어가려 하거나, 모든 보살과 성문 연각, 공부하는 수행자와 거룩한 성현, 온갖 선지식이 열반에 들어가려고 할 때,

우리는 이분들 모두에게 열반에 들어가지 말고 세상에 오래 머무시면서 영원토록 모든 중생에게 법의 은혜를 베풀어 그 즐거움을 일깨워 주시기를 간청해야 한다.

如是 虛空界盡 衆生界盡
여시 허공계진 중생계진

衆生業盡 衆生煩惱盡
중생업진 중생번뇌진

我此勸請 無有窮盡。
아차권청 무유궁진

念念相續 無有間斷
염념상속 무유간단

身語意業 無有疲厭。
신어의업 무유피염

허공계가 다하고 중생의 세계가 다하여 중생의
업이 사라지고 중생의 번뇌가 다 없어진다고 하
여도,

우리의 이런 간청은 그 끝이 없어야 한다.

이런 간청이 생각마다 이어져 끊어질 새가 없는
것은,

청정한 몸과 마음에서 선지식들이 이 세상에 오
래 머무시기를 간청하는 일에 조금이라도 지치
거나 싫어하는 마음이 없기 때문이다.

○ 常隨佛學

復次 善男子 言常隨佛學者
부차 선남자 언상수불학자

如此娑婆世界 毘盧遮那如來 從初
여차사바세계 비로자나여래 종초

發心 精進不退 以不可說不可說身
발심 정진불퇴 이불가설불가설신

命 而爲布施。剝皮爲紙 析骨爲筆
명 이위보시 박피위지 석골위필

刺血爲墨 書寫經典 積如須彌。
자혈위묵 서사경전 적여수미

爲重法故 不惜身命 何況王位
위중법고 불석신명 하황왕위

城邑聚落 宮殿園林 一切所有。
성읍취락 궁전원림 일체소유

8. 늘 부처님의 가르침을 따르다

또 선재동자여, 늘 부처님의 가르침을 따른다는 것은 무엇을 말하는가?

이 사바세계에서 비로자나 부처님께서는 처음 발심하여 끊임없이 정진하면서, 말로 표현할 수 없이 많은 몸을 바쳐 보시하였다. 살 껍질을 벗겨 종이로 만들고, 뼈를 쪼개어 붓으로 삼으며, 피를 뽑아 먹물로 삼아서 경전을 옮겨 쓴 분량이 수미산만큼이나 많았다.

이는 법을 소중히 여겼기 때문에 신명을 아끼지 않았던 것이니, 하물며 왕위와 성읍이나 궁전 동산 등 온갖 소유물 따위야 어찌 더 말할 필요가 있겠느냐.

及餘種種 難行苦行 乃至 樹下成
급여종종 난행고행 내지 수하성

大菩提 示種種神通 起種種變化
대보리 시종종신통 기종종변화

現種種佛身 處種種衆會
현종종불신 처종종중회

或處 一切諸大菩薩 衆會道場
혹처 일체제대보살 중회도량

或處 聲聞及辟支佛 衆會道場
혹처 성문급벽지불 중회도량

或處 轉輪聖王 小王眷屬衆會道場
혹처 전륜성왕 소왕권속중회도량

或處 刹利 及婆羅門 長者居士 衆
혹처 찰리 급바라문 장자거사 중

會道場。
회 도 량

104

나아가 온갖 어려운 고행을 하다가 보리수나무 아래에서 깨달음을 이루고, 온갖 신통과 변화로 각양각색의 부처님 몸을 드러내 모든 대중 법회에 동참하는데,

모든 보살의 대중 법회 도량에 동참하거나,

혹은 모든 성문과 벽지불의 대중 법회 도량에 동참하기도 하였다.

또한 전륜성왕이나 소국의 왕과 그 권속들의 대중 법회 도량에 동참하거나,

귀족과 바라문 및 장자 거사의 대중 법회 도량에 동참하기도 하였다.

乃至或處　天龍八部　人非人等
내 지 혹 처　천 룡 팔 부　인 비 인 등

衆會道場　處於如是　種種衆會
중 회 도 량　처 어 여 시　종 종 중 회

以圓滿音　如大雷震　隨其樂欲
이 원 만 음　여 대 뢰 진　수 기 요 욕

成熟衆生。
성 숙 중 생

乃至示現　入於涅槃　如是一切
내 지 시 현　입 어 열 반　여 시 일 체

我皆隨學。如今世尊　毘盧遮那
아 개 수 학　여 금 세 존　비 로 자 나

如是盡法界　虛空界　十方三世
여 시 진 법 계　허 공 계　시 방 삼 세

一切佛刹　所有塵中　一切如來
일 체 불 찰　소 유 진 중　일 체 여 래

皆亦如是　於念念中　我皆隨學。
개 역 여 시　어 염 념 중　아 개 수 학

나아가 천룡팔부나 사람 혹은 사람 아닌 중생의 대중 법회 도량에 동참하면서, 이러한 온갖 대중 법회에서 번개와 우레 같은 오롯한 음성으로 중생들이 원하는 대로 그들의 마음을 열어주었다.

그 후에 비로자나 부처님께서는 열반하는 모습을 보여주셨으니, 우리는 부처님께서 이 모든 것을 통하여 보여주신 가르침을 늘 따라야 한다.

지금 세존이신 비로자나 부처님과 시방 삼세 온갖 불국토에 있는 모든 티끌 하나하나마다, 그 가운데 계신 모든 여래의 수행과 공덕이 빠짐없이 이와 같으므로, 우리는 생각 생각마다 잊지 않고 모든 부처님의 가르침을 따라야 한다.

如是虛空界盡 衆生界盡 衆生業盡
여시허공계진 중생계진 중생업진

衆生煩惱盡 我此隨學 無有窮盡。
중생번뇌진 아차수학 무유궁진

念念相續 無有間斷
염념상속 무유간단

身語意業 無有疲厭。
신어의업 무유피염

허공 세계가 다하고 중생의 세계가 다하여 중생의 업이 사라지고 중생의 번뇌가 다 없어진다고 하여도, 우리가 부처님의 가르침을 따르는 일은 그 끝이 없어야 한다.

이런 배움이 생각마다 이어져 끊어질 새가 없는 것은, 청정한 몸과 말과 마음에서 부처님을 따르며 배우는 일에 조금이라도 지치거나 싫어하는 마음이 없기 때문이다.

○ 恒順衆生

復次 善男子 言恒順衆生者
부차 선남자 언항순중생자

謂 盡法界 虛空界 十方刹海
위 진법계 허공계 시방찰해

所有衆生 種種差別。
소유중생 종종차별

所謂 卵生 胎生 濕生 化生[1]
소위 난생 태생 습생 화생

或有 依於地水火風 而生住者。
혹유 의어지수화풍 이생주자

或有 依空及諸卉木 而生住者。
혹유 의공급제훼목 이생주자

---

1. 마음이 일어나는 순서에 따라 중생의 모습을 난생, 태생, 습생, 화생으로 보기도 한다. 그 첫 번째가 난생인데 무명의 껍질을 깨는 것을 상징하고, 그 알이 깨져 장식藏識에 들어있는 것을 태생이라 하며, 태어남을 돕는 것이 습생이고, 태어나 없는 것이 생겼으니 화생이라고 한 것이다. 『금강경간정기』 참조

9. 항상 중생과 함께하다

또 선재동자여, 항상 중생과 함께한다는 것은 무엇을 말하는가?

온 법계 허공계 시방 삼세 모든 국토에 있는 중생을 자세히 살펴보면 그 종류와 형태가 천차만별이다.

이른바 알에서 태어나기도 하고, 모태에서 태어나기도 하며, 습한 기운에서 태어나기도 하고, 생긴 모습을 바꾸어 태어나기도 한다.

혹 지수화풍에 의지하여 살아가는 중생도 있고, 허공이나 풀과 나무에 의지하여 살아가는 중생도 있다.

種種生類　種種色身
종 종 생 류　종 종 색 신

種種形狀　種種相貌
종 종 형 상　종 종 상 모

種種壽量　種種族類　種種名號。
종 종 수 량　종 종 족 류　종 종 명 호

種種心性　種種知見
종 종 심 성　종 종 지 견

種種欲樂　種種意行　種種威儀。
종 종 욕 락　종 종 의 행　종 종 위 의

種種衣服　種種飮食
종 종 의 복　종 종 음 식

處於種種　村營聚落　城邑宮殿。
처 어 종 종　촌 영 취 락　성 읍 궁 전

乃至一切　天龍八部　人非人等。
내 지 일 체　천 룡 팔 부　인 비 인 등

이처럼 온갖 종류의 중생이 가지가지 몸과 각양 각색의 형상과 모습으로 있는데,

그들은 수명이 제각각 다르고 종족도 다르며 명 칭도 다르다.

마음의 성품과 견해가 다르고, 즐겁게 하고 싶어 하는 일과 마음 쓰는 법이 다르며, 나타나는 품 새가 다르다.

의복과 의식도 갖가지로, 이들이 촌락이나 마 을, 성읍과 궁전에서 어울려 살아가는 모습도 다르다.

나아가 천룡팔부 또는 사람이나 사람이 아닌 중 생도 있다.

無足二足 四足多足 有色無色
무 족 이 족　사 족 다 족　유 색 무 색

有想 無想 非有想非無想。
유 상 무 상　비 유 상 비 무 상

如是等類 我皆於彼 隨順而轉
여 시 등 류　아 개 어 피　수 순 이 전

種種承事 種種供養 如敬父母
종 종 승 사　종 종 공 양　여 경 부 모

如奉師長 及阿羅漢 乃至如來
여 봉 사 장　급 아 라 한　내 지 여 래

等無有異。
등 무 유 이

於諸病苦 爲作良醫
어 제 병 고　위 작 양 의

於失道者 示其正路
어 실 도 자　시 기 정 로

於暗夜中 爲作光明。
어 암 야 중　위 작 광 명

발이 없거나 두 개, 세 개, 네 개의 발, 또는 많은 발을 가진 중생, 형체가 있는 중생(有色), 형체가 없는 중생(無色), 분별이 있는 중생(有想), 분별이 없는 중생(無想), 분별이 있는 것도 아니고 없는 것도 아닌 중생(非有想非無想) 등 살아가는 온갖 모습이 있는 것이다.

이처럼 온갖 중생 모두와 항상 우리는 함께하며 이들 모두를 받들어 섬기고 공양을 올리기를, 부모를 공경하듯 해야 하며 스승과 아라한, 여래를 받들듯이 해야 한다.

온갖 병고에 시달리는 중생 앞에서는 어진 의사가 되어 주어야 하고, 갈 길을 잃어버린 사람에게는 바른길을 가르쳐 주어야 하며, 어두운 밤에 갈 길을 모르는 사람에게는 밝은 광명이 되어 주어야 한다.

於貧窮者　令得伏藏菩薩
어 빈 궁 자　영 득 복 장 보 살

如是平等　饒益一切衆生。
여 시 평 등　요 익 일 체 중 생

何以故。
하 이 고

菩薩　若能隨順衆生　則爲隨順
보 살　약 능 수 순 중 생　즉 위 수 순

供養諸佛。
공 양 제 불

若於衆生　尊重承事
약 어 중 생　존 중 승 사

則爲尊重　承事如來。
즉 위 존 중　승 사 여 래

若令衆生　生歡喜者
약 령 중 생　생 환 희 자

則令一切　如來歡喜。
즉 령 일 체　여 래 환 희

또한 빈궁한 사람에게는 보물 곳간이 되어 주어야 하니, 보살은 이렇게 차별 없이 모든 중생에게 풍요로운 이익을 주는 사람이기 때문이다.

왜 그러한가?

보살이 중생의 간절한 바람에 따라 주는 것은 모든 부처님께 공양을 올리는 것이기 때문이다.

중생을 존중하고 받들어 섬기는 것은 부처님을 존중하고 받들어 섬기는 것이기 때문이다.

중생을 기쁘게 하는 것은 모든 부처님을 기쁘게 하는 것이기 때문이다.

何以故。
하 이 고

諸佛如來　以大悲心　而爲體故。
제 불 여 래　이 대 비 심　이 위 체 고

因於衆生　而起大悲　因於大悲
인 어 중 생　이 기 대 비　인 어 대 비

生菩提心　因菩提心　成等正覺。
생 보 리 심　인 보 리 심　성 등 정 각

譬如曠野　沙磧之中　有大樹王
비 여 광 야　사 적 지 중　유 대 수 왕

若根得水　枝葉華果　悉皆繁茂。
약 근 득 수　지 엽 화 과　실 개 번 무

生死曠野　菩提樹王　亦復如是
생 사 광 야　보 리 수 왕　역 부 여 시

一切衆生　而爲樹根　諸佛菩薩
일 체 중 생　이 위 수 근　제 불 보 살

而爲華果。
이 위 화 과

왜 그러한가?

모든 부처님은 크게 자비로운 마음으로 그 바탕을 삼기 때문이다.

중생의 처지로 인하여 자비로운 마음을 일으키고, 자비로운 마음으로 인하여 보리심을 내고, 보리심으로 인하여 올바른 깨달음을 이루기 때문이다.

비유하면 넓게 펼쳐진 기름진 벌판에 큰 나무가 있는데, 이 나무의 뿌리가 물을 빨아들이면 나무의 가지와 잎이 무성해지고 꽃과 과일이 풍성해지는 것과 같다.

생사의 광야에 있는 보리수도 이와 같아서, 이 보리수는 모든 중생을 나무의 뿌리로 삼고 모든 불보살을 꽃과 과일로 삼는다.

以大悲水 饒益衆生 則能成就
이 대 비 수 요 익 중 생 즉 능 성 취

諸佛菩薩 智慧華果。
제 불 보 살 지 혜 화 과

何以故 若諸菩薩 以大悲水 饒益
하 이 고 약 제 보 살 이 대 비 수 요 익

衆生 則能成就 阿耨多羅三藐三菩
중 생 즉 능 성 취 아 뇩 다 라 삼 먁 삼 보

提故。是故 菩提 屬於衆生
리 고 시 고 보 리 속 어 중 생

若無衆生 一切菩薩 終不能成
약 무 중 생 일 체 보 살 종 불 능 성

無上正覺。善男子 汝於此義 應如
무 상 정 각 선 남 자 여 어 차 의 응 여

是解。以於衆生 心平等故 則能成
시 해 이 어 중 생 심 평 등 고 즉 능 성

就 圓滿大悲 以大悲心 隨衆生故
취 원 만 대 비 이 대 비 심 수 중 생 고

則能成就 供養如來。
즉 능 성 취 공 양 여 래

뿌리에 스며드는 물은 크나큰 자비로 모든 중생에게 풍요로운 이익을 주는 것이니, 곧 나무에 꽃과 과일이 맺히듯 불보살의 지혜를 모두 성취하게 된다.

왜냐하면, 보살이란 생명수와 같은 크나큰 자비로 중생을 이롭게 하여 아뇩다라삼먁삼보리 곧 깨달음을 이루기 때문이다.

그러므로 깨달음은 중생에게 속해 있는 것이니, 중생이 없다면 어떤 보살도 끝내 올바른 깨달음을 이룰 수 없다.

선재동자여, 그대는 이 이치에서 올바르게 알아야 한다. 모든 중생에게 차별이 없는 마음을 쓰기 때문에 오롯한 부처님의 자비로운 마음을 성취하는 것이며, 부처님의 자비로운 마음으로 중생과 함께하기 때문에 부처님께 공양 올리는 일을 성취할 수 있는 것이다.

菩薩如是 隨順衆生。
보 살 여 시　수 순 중 생

虛空界盡 衆生界盡 衆生業盡
허 공 계 진　중 생 계 진　중 생 업 진

衆生煩惱盡 我此隨順 無有窮盡。
중 생 번 뇌 진　아 차 수 순　무 유 궁 진

念念相續 無有間斷
염 념 상 속　무 유 간 단

身語意業 無有疲厭。
신 어 의 업　무 유 피 염

보살은 이처럼 중생의 뜻에 따라야 한다.

허공계가 다하고 중생의 세계가 다하여 중생의
업이 사라지고 중생의 번뇌가 다 없어진다고 하
여도, 우리가 중생과 함께하는 일은 그 끝이 없
어야 한다.

중생과 함께하는 이런 일이 생각마다 이어져 끊
어질 새가 없는 것은, 청정한 몸과 말과 마음에
서 중생과 함께하는 일에 조금이라도 지치거나
싫어하는 마음이 없기 때문이다.

○ 普皆廻向

復次 善男子 言普皆廻向者
부차 선남자 언보개회향자

從初禮拜 乃至隨順 所有功德 皆悉
종초예배 내지수순 소유공덕 개실

廻向 盡法界虛空界 一切衆生。
회향 진법계허공계 일체중생

願令衆生　常得安樂　無諸病苦
원령중생　상득안락　무제병고

欲行惡法　皆悉不成　所修善業
욕행악법　개실불성　소수선업

皆速成就　關閉一切　諸惡趣門
개속성취　관폐일체　제악취문

開示人天　涅槃正路。
개시인천　열반정로

10. 모든 공덕을 회향하다

선재동자여, 수행의 공덕을 모두 뭇 중생에게 회향한다는 것은 무엇을 말하는가?

그것은 부처님을 공경하고 예배드리는 것으로부터 중생의 뜻에 따르는 일까지, 여기에서 생기는 온갖 공덕을 법계 허공계가 다하도록 모든 중생에게 남김없이 모두 회향하는 것을 말한다.

그러면서, "모든 중생이 늘 안락하여 어떠한 병고도 없고, 나쁜 짓을 하려고 할 때는 이루어지는 것이 조금도 없으며, 닦아가는 선업은 빠르게 모두 성취하고, 나쁜 세상으로 들어가는 문은 모두 막고 인간과 하늘나라 사람들이 열반으로 가는 바른길을 열어주시옵소서."라는 마음을 내야 한다.

若諸衆生　因其積集　諸惡業故
약 제 중 생　인 기 적 집　제 악 업 고

所感一切　極重苦果　我皆代受
소 감 일 체　극 중 고 과　아 개 대 수

令彼衆生　悉得解脫　究竟成就
영 피 중 생　실 득 해 탈　구 경 성 취

無上菩提。
무 상 보 리

菩薩如是　所修廻向　虛空界盡
보 살 여 시　소 수 회 향　허 공 계 진

衆生界盡　衆生業盡　衆生煩惱盡
중 생 계 진　중 생 업 진　중 생 번 뇌 진

我此廻向　無有窮盡。
아 차 회 향　무 유 궁 진

念念相續　無有間斷
염 념 상 속　무 유 간 단

身語意業　無有疲厭。
신 어 의 업　무 유 피 염

126

만약 어떤 중생이 악업이 많아 온갖 고통을 받게 된다면, 우리가 모두 대신 받아 그 중생이 극심한 고통에서 벗어나 깨달음을 성취하게 해야 한다.

이처럼 수행하여 얻은 보살의 공덕을 모두 회향하니,

허공계가 다하고 중생의 세계가 다하여 중생의 업이 사라지고 중생의 번뇌가 다 없어진다고 하여도, 우리가 하는 이 회향은 그 끝이 없어야 한다.

이러한 공덕의 회향이 생각마다 이어져 끊어질 새가 없는 것은, 청정한 몸과 말과 마음에서 나오는 공덕을 회향하는 데 조금이라도 지치거나 싫어하는 마음이 없기 때문이다.

善男子 是爲菩薩摩訶薩
선 남 자 시 위 보 살 마 하 살

十種大願 具足圓滿。
십 종 대 원 구 족 원 만

若諸菩薩 於此大願 隨順趣入
약 제 보 살 어 차 대 원 수 순 취 입

則能成熟 一切衆生 則能隨順
즉 능 성 숙 일 체 중 생 즉 능 수 순

阿耨多羅三藐三菩提。
아 뇩 다 라 삼 먁 삼 보 리

則能成滿 普賢菩薩 諸行願海。
즉 능 성 만 보 현 보 살 제 행 원 해

是故善男子 汝於此義 應如是知。
시 고 선 남 자 여 어 차 의 응 여 시 지

선재동자여, 보살이 되기 위해서는 보현보살의 열 가지 큰 원력을 오롯하게 다 갖추어야 한다.

모든 보살이 이 큰 원력에 따라 깨달음에 들어가려면 모든 중생의 마음이 부처님 마음이 되어야 한다.

곧 깨달음에서 드러나는 부처님 지혜로 보현보살의 온갖 보살행과 원력을 빠짐없이 성취해야 한다.

이 때문에 선재동자여, 그대는 이런 이치를 잘 알아야만 한다.

若有 善男子善女人 以滿十方 無
약유 선남자선여인 이만시방 무

量無邊 不可說不可說 佛刹極微塵
량무변 불가설불가설 불찰극미진

數 一切世界 上妙七寶 及諸人天
수 일체세계 상묘칠보 급제인천

最勝安樂 布施 爾所 一切世界 所
최승안락 보시 이소 일체세계 소

有衆生 供養 爾所 一切世界 諸佛
유중생 공양 이소 일체세계 제불

菩薩 經爾所佛刹極微塵數劫 相續
보살 경이소불찰극미진수겁 상속

不斷 所得功德 若復有人 聞此願
부단 소득공덕 약부유인 문차원

王 一經於耳 所有功德 比前功德
왕 일경어이 소유공덕 비전공덕

百分不及一 千分不及一 乃至優波
백분불급일 천분불급일 내지우파

尼沙陀分 亦不及一。
니사타분 역불급일

3장. 열 가지 원력과 보살행의 뛰어난 공덕

선남자 선여인이 이루 말할 수 없이 많은 불국토, 그 국토의 티끌 수만큼이나 많은 온갖 세상의 오묘한 보배로 무량무변한 시방세계를 가득 채우고 나아가 인천의 가장 안락한 삶까지, 불국토의 티끌 수만큼 많은 겁이 흐를 동안 끊임없이 이 모든 세계의 중생과 불보살님께 보시하고 공양을 올려 얻게 되는 공덕이 있다고 해도,

보현보살의 으뜸가는 열 가지 원력을 듣고, 그 소리가 한 번 귀에 스쳐서 얻게 되는 공덕의 백 분의 일, 천 분의 일에도 미치지 못하며, 나아가 어떤 숫자의 셈법으로도 따라갈 수 있는 것이 아니다.

或復有人 以深信心 於此大願
혹부유인 이심신심 어차대원

受持讀誦 乃至書寫 一四句偈
수지독송 내지서사 일사구게

速能除滅 五無間業
속능제멸 오무간업

所有世間 身心等病 種種苦惱
소유세간 신심등병 종종고뇌

乃至佛刹 極微塵數 一切惡業
내지불찰 극미진수 일체악업

皆得消除 一切魔軍 夜叉羅刹
개득소제 일체마군 야차나찰

若鳩槃茶[1] 若毘舍闍[2] 若部多[3]等
약구반다 약비사사 약부다 등

飲血噉肉 諸惡鬼神 皆悉遠離。
음혈담육 제악귀신 개실원리

或時發心 親近守護。
혹시발심 친근수호

---

1. 구반다鳩槃茶는 바람처럼 빠르고 변화무쌍하며 사람의 정기를 빨아먹는 귀신이다. 숲속에 살면서 많은 귀신을 이끄는 대장이다.
2. 비사사毘舍闍는 사람의 피와 살 및 정기를 빨아먹는 귀신이다.
3. 부다部多는 아귀의 한 종류로 고약한 냄새를 풍기며, 사람과 짐승을 해친다.

혹 어떤 사람이 깊은 신심으로 이 큰 원력을 받아 지녀 읽고 외우면서 사구게 하나만 옮겨 쓰더라도 금방 무간지옥에 들어갈 죄업도 모두 없어질 것이며,

모든 세간에서 몸과 마음에 생기는 병 및 온갖 고뇌와 불국토의 지극히 작은 티끌 수만큼이나 많은 모든 악업도 다 없어질 것이며,

모든 마군과 야차, 나찰, 구반다, 비사사, 부다와 같은, 피를 빨아먹고 살을 씹어 먹는 온갖 나쁜 귀신들도 빠짐없이 모두 멀리 도망갈 것이다.

오히려 어떤 귀신은 발심하여 이 큰 원력을 수지 독송한 이 사람을 가까이 모시면서 온갖 재앙으로부터 지켜 줄 것이다.

是故若人　誦此願者　行於世間
시 고 약 인　송 차 원 자　행 어 세 간

無有障礙　如空中月　出於雲翳。
무 유 장 애　여 공 중 월　출 어 운 예

諸佛菩薩　之所稱讚　一切人天
제 불 보 살　지 소 칭 찬　일 체 인 천

皆應禮敬　一切衆生　悉應供養。
개 응 예 경　일 체 중 생　실 응 공 양

此善男子　善得人身
차 선 남 자　선 득 인 신

圓滿普賢　所有功德
원 만 보 현　소 유 공 덕

不久當如　普賢菩薩　速得成就
불 구 당 여　보 현 보 살　속 득 성 취

微妙色身　具三十二　大丈夫相。
미 묘 색 신　구 삼 십 이　대 장 부 상

그러므로 어떤 사람이 보현보살의 원력과 보살행을 마음에 새겨 세간에서 실천하면 어떠한 장애도 없으리니, 이는 마치 허공의 밝은 달이 구름의 장막을 벗어난 것과 같다.

모든 불보살이 이 사람을 찬탄하고, 인간과 하늘나라 사람들이 모두 공경하고 예배를 올리며, 모든 중생이 빠짐없이 공양을 올릴 것이다.

이 선남자는 좋은 몸을 받고 보현보살의 온갖 공덕을 오롯이 성취할 것이며,

머지않아 보현보살처럼 미묘한 몸을 성취하여 서른두 가지 대장부의 모습을 갖추게 된다.

若生人天 所在之處 常居勝族。
약 생 인 천　소 재 지 처　상 거 승 족

悉能破壞 一切惡趣 悉能遠離
실 능 파 괴　일 체 악 취　실 능 원 리

一切惡友 悉能制伏 一切外道
일 체 악 우　실 능 제 복　일 체 외 도

悉能解脫 一切煩惱。 如師子王
실 능 해 탈　일 체 번 뇌　여 사 자 왕

摧伏群獸 堪受一切 眾生供養。
최 복 군 수　감 수 일 체　중 생 공 양

又復是人 臨命終時 最後刹那
우 부 시 인　임 명 종 시　최 후 찰 나

一切諸根 悉皆散壞 一切親屬
일 체 제 근　실 개 산 괴　일 체 친 속

悉皆捨離 一切威勢 悉皆退失
실 개 사 리　일 체 위 세　실 개 퇴 실

輔相大臣 宮城內外 象馬車乘
보 상 대 신　궁 성 내 외　상 마 거 승

珍寶伏藏 如是一切 無復相隨
진 보 복 장　여 시 일 체　무 부 상 수

이 선남자가 인천에 태어나면 머무는 곳에서 항상 뛰어난 동족과 함께 살아갈 것이다.

나쁜 세상을 모두 파괴하고, 온갖 나쁜 친구를 멀리하며, 모든 외도를 굴복시키고, 온갖 번뇌에서 벗어날 수 있을 것이다.

이는 마치 사자의 왕이 모든 짐승을 이긴 것과 같아 모든 중생의 공양을 받게 되는 것이다.

또한 이 사람이 임종하는 순간에 온몸이 다 썩어 흩어지면서 일가친척은 다 떠나고, 온갖 위세가 사라져 재상이나 대신으로서 궁 안팎을 타고 다니던 코끼리나 말이 끄는 수레, 진기한 보배 곳간 같은 이 모든 것들이 다 떠나더라도,

唯此願王 不相捨離 於一切時
유 차 원 왕　불 상 사 리　어 일 체 시

引導其前 一刹那中 卽得往生
인 도 기 전　일 찰 나 중　즉 득 왕 생

極樂世界。
극 락 세 계

到已卽見 阿彌陀佛 文殊師利菩薩
도 이 즉 견　아 미 타 불　문 수 사 리 보 살

普賢菩薩 觀自在菩薩 彌勒菩薩等
보 현 보 살　관 자 재 보 살　미 륵 보 살 등

此諸菩薩 色相端嚴
차 제 보 살　색 상 단 엄

功德具足 所共圍遶。
공 덕 구 족　소 공 위 요

其人自見 生蓮華中 蒙佛授記。
기 인 자 견　생 연 화 중　몽 불 수 기

138

오직 이 열 가지 으뜸가는 원력과 보살행은 그를
떠나지 않고, 언제나 앞장서 이 사람을 인도하여
곧 극락세계에 태어나게 할 것이다.

극락세계에 도달하면 아미타불, 문수보살, 보현
보살, 관자재보살, 미륵보살을 만나게 되니,

단정하고 아름다운 모습의 이 보살들이 온갖 공
덕을 다 갖추고서 그를 에워쌀 것이다. 그 가운
데 그는 자신이 연꽃 속에서 태어나 부처님의
수기를 받고 있음을 스스로 알게 된다.

得授記已 經於無數 百千萬億 那由
득 수 기 이 경 어 무 수 백 천 만 억 나 유

他劫 普於十方 不可說不可說世界
타 겁 보 어 시 방 불 가 설 불 가 설 세 계

以智慧力 隨衆生心 而爲利益。
이 지 혜 력 수 중 생 심 이 위 이 익

不久當坐 菩提道場 降伏魔軍
불 구 당 좌 보 리 도 량 항 복 마 군

成等正覺 轉妙法輪。
성 등 정 각 전 묘 법 륜

能令佛刹 極微塵數 世界衆生
능 령 불 찰 극 미 진 수 세 계 중 생

發菩提心 隨其根性 教化成熟。
발 보 리 심 수 기 근 성 교 화 성 숙

乃至盡於 未來劫海 廣能利益
내 지 진 어 미 래 겁 해 광 능 이 익

一切衆生。
일 체 중 생

140

수기를 받은 뒤 헤아릴 수 없는 백 천 만억 나유 타 겁의 세월이 지나도록 말로 표현할 수 없이 많은 시방세계에 그 모습을 가득 채워, 부처님의 지혜로 중생의 뜻에 맞추어 그들이 풍요로운 이 익을 누리게 할 것이다.

머지않아 보리도량에 앉아 마군을 항복 받고 올 바른 깨달음을 이루어 미묘한 법문을 설파할 것 이다.

이 법문으로 불국토의 지극히 작은 티끌의 수만 큼이나 많은 세계의 중생들이, 보리심으로 자신 의 근기와 성품에 따라 부처님의 마음을 갖게 할 것이다.

이로써 많고 많은 미래 겁의 세월이 다하도록 널리 모든 중생에게 은혜를 베푸는 것이다.

善男子 彼諸衆生 若聞若信
선 남 자 피 제 중 생 약 문 약 신

此大願王 受持讀誦 廣爲人說
차 대 원 왕 수 지 독 송 광 위 인 설

所有功德 除佛世尊 餘無知者。
소 유 공 덕 제 불 세 존 여 무 지 자

是故 汝等 聞此願王 莫生疑念。
시 고 여 등 문 차 원 왕 막 생 의 념

應當諦受 受已能讀 讀已能誦
응 당 체 수 수 이 능 독 독 이 능 송

誦已能持。
송 이 능 지

乃至書寫 廣爲人說。
내 지 서 사 광 위 인 설

선재동자여, 모든 중생이 이 으뜸가는 크나큰 원력을 듣고 믿으면서 수지독송하여 그 뜻을 널리 많은 사람을 위하여 설하여 준다면, 거기에서 생기는 모든 공덕은 불세존을 제외하고 그 나머지 다른 중생들은 도저히 알 수가 없다.

이 때문에 그대들은 이 으뜸가는 크나큰 원력을 듣고 의심을 내지 말아야 한다.

자세히 알고 받아들여야 하며, 받아들였으면 읽어야 하고, 읽었으면 외워야 한다.

외워 지니면서 글로 옮겨 쓰는 사경으로 그 뜻을 널리 많은 사람을 위하여 말해 주어야 한다.

是諸人等 於一念中 所有行願
시제인등 어일념중 소유행원

皆得成就 所獲福聚 無量無邊。
개득성취 소획복취 무량무변

能於煩惱 大苦海中 拔濟衆生
능어번뇌 대고해중 발제중생

令其出離 皆得往生 阿彌陀佛
영기출리 개득왕생 아미타불

極樂世界。
극락세계

이 법문을 듣는 사람들은 모두 한 생각에 으뜸가는 큰 원력을 다 성취하게 되니, 그 공덕으로 얻은 복덕은 크기와 넓이를 헤아릴 수 없다.

괴로움이 가득한 번뇌 속에서 중생을 제도하여 생사에서 벗어나게 하니, 모두 아미타불 극락세계로 왕생할 것이다.

爾時 普賢菩薩摩訶薩
이 시　보 현 보 살 마 하 살

欲重宣此義 普觀十方 而說偈言
욕 중 선 차 의　보 관 시 방　이 설 게 언

○ 禮敬諸佛

所有十方世界中　三世一切人師子
소 유 시 방 세 계 중　삼 세 일 체 인 사 자

我以淸淨身語意　一切徧禮盡無餘
아 이 청 정 신 어 의　일 체 변 례 진 무 여

普賢行願威神力　普現一切如來前
보 현 행 원 위 신 력　보 현 일 체 여 래 전

一身復現刹塵身　一一徧禮刹塵佛
일 신 부 현 찰 진 신　일 일 변 례 찰 진 불

146

4장. 게송으로 주는 가르침

그때 보현보살이 이 뜻을 다시 말해 주기 위하여
시방세계를 두루 보며 게송으로 말하였다.

1. 부처님을 공경하고 예배하다

시방세계 곳곳마다 계신 부처님
과거 현재 미래 모든 중생의 스승
맑디맑은 몸과 말과 뜻을 모아서
빠짐없이 제가 이제 예배하고자

보현행원 그 위업과 신통력으로
두루 모든 부처님을 알현하오니
한 몸에서 한량없는 몸을 나투어
많고 많은 부처님께 예배합니다.

○ 稱讚如來

於一塵中塵數佛　各處菩薩衆會中
어 일 진 중 진 수 불　각 처 보 살 중 회 중

無盡法界塵亦然　深信諸佛皆充滿
무 진 법 계 진 역 연　심 신 제 불 개 충 만

各以一切音聲海　普出無盡妙言詞
각 이 일 체 음 성 해　보 출 무 진 묘 언 사

盡於未來一切劫　讚佛甚深功德海
진 어 미 래 일 체 겁　찬 불 심 심 공 덕 해

○ 廣修供養

以諸最勝妙華鬘　妓樂塗香及傘蓋
이 제 최 승 묘 화 만　기 악 도 향 급 산 개

如是最勝莊嚴具　我以供養諸如來
여 시 최 승 장 엄 구　아 이 공 양 제 여 래

148

2. 모든 여래를 찬탄하다

티끌처럼 많고 많은 부처님 처소
각처에서 오신 보살 모두 모이니
무진 법계 곳곳마다 이와 같아서
부처님을 믿는 마음 충만하므로

각양각색 아름다운 음성으로써
끊임없이 부처님의 명호 부르며
오는 미래 모든 세상 다할 때까지
부처님의 공덕 바다 찬탄합니다.

3. 모든 부처님께 공양을 올리다

아름답기 그지없는 온갖 꽃다발
좋은 음악 좋은 향과 햇빛가리개
이와 같은 가장 좋은 공양물로써
제가 이제 부처님께 공양 올리고

最勝衣服最勝香　末香燒香與燈燭
최 승 의 복 최 승 향　말 향 소 향 여 등 촉

一一皆如妙高聚　我悉供養諸如來
일 일 개 여 묘 고 취　아 실 공 양 제 여 래

我以廣大勝解心　深信一切三世佛
아 이 광 대 승 해 심　심 신 일 체 삼 세 불

悉以普賢行願力　普徧供養諸如來
실 이 보 현 행 원 력　보 변 공 양 제 여 래

○ 懺除業障

我昔所造諸惡業　皆由無始貪恚癡
아 석 소 조 제 악 업　개 유 무 시 탐 에 치

從身語意之所生　一切我今皆懺悔
종 신 어 의 지 소 생　일 체 아 금 개 참 회

150

으뜸가는 좋은 의복 좋은 향들과
가루 향과 태우는 향 지혜의 촛불
이들 모두 수미산의 높이로 모아
빠짐없이 부처님께 공양 올리며

크고 넓은 슬기로운 마음으로써
시방 삼세 부처님을 깊게 믿으며
보현보살 보살행과 원력으로써
두루 모든 부처님께 공양합니다.

4. 업장을 참회하여 없애다

전생부터 지어왔던 모든 악업은
탐욕 성냄 어리석음 말미암은 것
몸과 입과 뜻으로써 쌓은 죄업들
이 모든 것 제가 이제 참회합니다.

○ 隨喜功德

十方一切諸衆生　二乘有學及無學
시방일체제중생　이승유학급무학

一切如來與菩薩　所有功德皆隨喜
일체여래여보살　소유공덕개수희

○ 請轉法輪

十方所有世間燈　最初成就菩提者
시방소유세간등　최초성취보리자

我今一切皆勸請　轉於無上妙法輪
아금일체개권청　전어무상묘법륜

○ 請佛住世

諸佛若欲示涅槃　我悉至誠而勸請
제불약욕시열반　아실지성이권청

惟願久住刹塵劫　利樂一切諸衆生
유원구주찰진겁　이락일체제중생

152

5. 부처님의 공덕을 함께 기뻐하다

시방세계 모든 중생 성문 연각과
공부하는 수행자와 거룩한 성현
부처님과 온갖 보살 다 지닌 공덕
제가 이제 그 공덕을 기뻐합니다.

6. 법을 설해 주시기를 간청하다

시방세계 밝혀 주는 세간의 등불
가장 먼저 깨달음을 이루신 분께
높고 높은 묘한 법문 설해주시길
제가 이제 마음 다해 청하옵니다.

7. 세상에 오래 머무시기를 간청하다

부처님이 열반으로 들려 하실 때
오래오래 이 세상에 머무르시며
모든 중생 교화하고 이익 주시길
제가 이제 마음 다해 청하옵니다.

○ 普皆廻向

所有禮讚供養佛　請佛住世轉法輪
소 유 예 찬 공 양 불　청 불 주 세 전 법 륜

隨喜懺悔諸善根　廻向衆生及佛道
수 희 참 회 제 선 근　회 향 중 생 급 불 도

○ 常隨佛學

我隨一切如來學　修習普賢圓滿行
아 수 일 체 여 래 학　수 습 보 현 원 만 행

供養過去諸如來　及與現在十方佛
공 양 과 거 제 여 래　급 여 현 재 시 방 불

未來一切天人師　一切意樂皆圓滿
미 래 일 체 천 인 사　일 체 의 락 개 원 만

我願普隨三世學　速得成就大菩提
아 원 보 수 삼 세 학　속 득 성 취 대 보 리

8. 모든 공덕을 회향하다

부처님께 예배 찬탄 공양 올리며
오래오래 설법하길 청하오면서
기쁨 속에 참회하는 이 공덕 모두
중생들과 부처님께 회향합니다.

9. 늘 부처님의 가르침을 따르다

제가 모든 부처님의 가르침 따라
보현보살 보살행을 오롯이 닦아
과거 모든 여래에게 공양 올리고
시방세계 부처님께 공양 올리니

미래 모든 하늘 인간 스승님들은
모든 것이 기쁨이요 부족함 없어
어서 빨리 삼세 모든 가르침 따라
큰 깨달음 이루기를 바라옵니다.

○ 恒順衆生

所有十方一切刹　廣大淸淨妙莊嚴
소 유 시 방 일 체 찰　광 대 청 정 묘 장 엄

衆會圍遶諸如來　悉在菩提樹王下
중 회 위 요 제 여 래　실 재 보 리 수 왕 하

十方所有諸衆生　願離憂患常安樂
시 방 소 유 제 중 생　원 리 우 환 상 안 락

獲得甚深正法利　滅除煩惱盡無餘
획 득 심 심 정 법 리　멸 제 번 뇌 진 무 여

我爲菩提修行時　一切趣中成宿命
아 위 보 리 수 행 시　일 체 취 중 성 숙 명

常得出家修淨戒　無垢無破無穿漏
상 득 출 가 수 정 계　무 구 무 파 무 천 루

156

10. 항상 중생과 함께하다

시방 삼세 모든 곳에 있는 국토가
청정하고 아름답게 장엄이 되어
대중들이 부처님을 에워싸는데
모든 곳이 보리수의 그늘이어라.

시방세계 살아가는 중생의 삶이
근심 떠나 영원토록 행복하기를
바른 법의 온갖 공덕 두루 누리며
모든 번뇌 남김없이 없애옵소서.

깨달음을 얻으려고 수행한 나는
어디서든 전생 삶을 알고 있기에
출가해서 청정한 삶 항상 누리니
번뇌 없어 한가로운 도인이라네.

天龍夜叉鳩槃茶　乃至人與非人等
천 룡 야 차 구 반 다　내 지 인 여 비 인 등

所有一切衆生語　悉以諸音而說法
소 유 일 체 중 생 어　실 이 제 음 이 설 법

勤修淸淨波羅蜜　恒不忘失菩提心
근 수 청 정 바 라 밀　항 불 망 실 보 리 심

滅除障垢無有餘　一切妙行皆成就
멸 제 장 구 무 유 여　일 체 묘 행 개 성 취

於諸惑業及魔境　世間道中得解脫
어 제 혹 업 급 마 경　세 간 도 중 득 해 탈

猶如蓮華不着水　亦如日月不住空
유 여 연 화 불 착 수　역 여 일 월 부 주 공

158

하늘 신과 천룡들과 구반다 귀신
사람들과 사람 아닌 온갖 뭇 삶들
그들 모두 쓰고 있는 중생의 언어
그 소리로 온갖 법을 설하여 주네.

부처님의 세상과 청정한 삶

부처님의 세상 가는 청정한 삶들
보리심을 한순간도 잃지 않아서
온갖 번뇌 남김없이 없애주므로
부처님의 미묘한 행 다 성취하네.

어리석은 의혹들과 마구니 경계
세간의 도 그 가운데 해탈을 하니
진흙탕 속 피어나는 한 송이 연꽃
허공 속에 흘러가는 해와 달 같네.

悉除一切惡道苦　等與一切群生樂
실 제 일 체 악 도 고　등 여 일 체 군 생 락

如是經於刹塵劫　十方利益恒無盡
여 시 경 어 찰 진 겁　시 방 이 익 항 무 진

我常隨順諸衆生　盡於未來一切劫
아 상 수 순 제 중 생　진 어 미 래 일 체 겁

恒修普賢廣大行　圓滿無上大菩提
항 수 보 현 광 대 행　원 만 무 상 대 보 리

所有與我同行者　於一切處同集會
소 유 여 아 동 행 자　어 일 체 처 동 집 회

身口意業皆同等　一切行願同修學
신 구 의 업 개 동 등　일 체 행 원 동 수 학

중생제도의 원력

나쁜 세상 온갖 고통 다 제거하니
빠짐없이 모든 중생 즐거운 나날
이런 모습 겁의 세월 다 지나도록
온갖 이익 시방세계 끝이 없어라.

내가 항상 중생들의 뜻에 맞추어
오는 세상 온갖 세월 다 지나도록
보현보살 보살행을 늘 닦아가니
큰 깨달음 오롯하게 이룰지어다.

늘 함께 보현행을

나와 함께 보살행을 닦는 모두가
어느 한 곳 빠짐없이 같이 모여도
몸과 마음 청정하여 차별이 없어
보현보살 행과 원력 다 함께 닦네.

所有益我善知識　爲我顯示普賢行
소 유 익 아 선 지 식　위 아 현 시 보 현 행

常願與我同集會　於我常生歡喜心
상 원 여 아 동 집 회　어 아 상 생 환 희 심

願常面見諸如來　及諸佛子衆圍遶
원 상 면 견 제 여 래　급 제 불 자 중 위 요

於彼皆興廣大供　盡未來劫無疲厭
어 피 개 흥 광 대 공　진 미 래 겁 무 피 염

願持諸佛微妙法　光顯一切菩提行
원 지 제 불 미 묘 법　광 현 일 체 보 리 행

究竟清淨普賢道　盡未來劫常修習
구 경 청 정 보 현 도　진 미 래 겁 상 수 습

내 공부에 도움 주는 모든 선지식
나를 위해 보현행을 가르쳐 주며
나와 함께 수행하길 항상 바라니
기쁨 속에 언제나 날 축복하소서.

늘 공양을 올리리라

모든 여래 늘 언제나 친견하면서
부처님께 법을 듣는 많은 불자들
빠짐없이 그분들께 올리는 공양
영원토록 실천하길 원하옵니다.

부처님의 미묘한 법 지니고 사니
깨달음의 온갖 수행 빛이 나면서
청정한 삶 보현보살 도를 알기에
원력 함께 보살행을 늘 닦으소서.

我於一切諸有中　所修福智恒無盡
아 어 일 체 제 유 중　소 수 복 지 항 무 진

定慧方便及解脫　獲諸無盡功德藏
정 혜 방 편 급 해 탈　획 제 무 진 공 덕 장

一塵中有塵數刹　一一刹有難思佛
일 진 중 유 진 수 찰　일 일 찰 유 난 사 불

一一佛處眾會中　我見恒演菩提行
일 일 불 처 중 회 중　아 견 항 연 보 리 행

普盡十方諸刹海　一一毛端三世海
보 진 시 방 제 찰 해　일 일 모 단 삼 세 해

佛海及與國土海　我徧修行經劫海
불 해 급 여 국 토 해　아 변 수 행 경 겁 해

보살행의 이익 있으리

내가 비록 중생 세계 살고 있지만
복과 지혜 닦는 것은 늘 끝이 없어
선정 지혜 방편으로 해탈을 하여
그 자리서 다함없는 공덕 되리라.

티끌마다 그 가운데 무수한 국토
국토마다 부처님이 가득하여라
대중 법회 곳곳마다 부처님께서
깨달은 삶 펼치는 것 나는 늘 보네.

시방 삼세 모든 국토 빠지지 않고
털끝마다 과거 현재 수많은 미래
부처님과 온갖 국토 바다와 같아
그 속에서 영원토록 수행하리라.

一切如來語淸淨　一言具衆音聲海
일 체 여 래 어 청 정　일 언 구 중 음 성 해

隨諸衆生意樂音　一一流佛辯才海
수 제 중 생 의 요 음　일 일 유 불 변 재 해

三世一切諸如來　於彼無盡語言海
삼 세 일 체 제 여 래　어 피 무 진 어 언 해

恒轉理趣妙法輪　我深智力普能入
항 전 이 취 묘 법 륜　아 심 지 력 보 능 입

我能深入於未來　盡一切劫爲一念
아 능 심 입 어 미 래　진 일 체 겁 위 일 념

三世所有一切劫　爲一念際我皆入
삼 세 소 유 일 체 겁　위 일 념 제 아 개 입

166

미묘한 소리로 법을 설하리

부처님의 말씀은 늘 맑디맑아서
한 마디에 온갖 음성 품고 있기에
중생들이 좋아하는 소리가 되어
법의 소리 하나하나 부처님 변재.

시방 삼세 빠짐없이 온갖 부처님
그분들의 다함없는 미묘한 소리
아름다운 부처님 법 늘 설파하니
깊은 지혜 극락으로 다 들어가네.

한 생각에 시방 삼세 모두를 보니

내가 지금 미래 세상 들어가 보니
모든 세월 알게 됨에 오직 한 생각
시방 삼세 흘러가는 모든 세월로
한순간에 빠짐없이 들어간다네.

我於一念見三世　　所有一切人師子
아 어 일 념 견 삼 세　　소 유 일 체 인 사 자

亦常入佛境界中　　如幻解脫及威力
역 상 입 불 경 계 중　　여 환 해 탈 급 위 력

於一毛端極微中　　出現三世莊嚴刹
어 일 모 단 극 미 중　　출 현 삼 세 장 엄 찰

十方塵刹諸毛端　　我皆深入而嚴淨
시 방 진 찰 제 모 단　　아 개 심 입 이 엄 정

所有未來照世燈　　成道轉法悟群有
소 유 미 래 조 세 등　　성 도 전 법 오 군 유

究竟佛事示涅槃　　我皆往詣而親近
구 경 불 사 시 열 반　　아 개 왕 예 이 친 근

한 생각에 시방 삼세 모두를 보니
어느 하나 빠짐없이 우리의 스승
부처님의 경계 속에 늘 살아가니
해탈 위엄 신통 또한 허깨비로다.

모든 부처님을 친견하리

한 털끝의 작은 티끌 그 가운데서
삼세 모든 장엄 국토 다 드러나며
시방 삼세 국토마다 터럭 끝에서
내가 모두 들어가니 청정한 장엄.

오는 미래 비춰 주는 세간의 등불
성불하여 중생제도 법을 설하고
부처님의 열반 또한 거룩한 불사
그 모든 곳 찾아가서 친견하리라.

速疾周徧神通力　普門徧入大乘力
속 질 주 변 신 통 력　보 문 변 입 대 승 력

智行普修功德力　威神普覆大慈力
지 행 보 수 공 덕 력　위 신 보 부 대 자 력

徧淨莊嚴勝福力　無着無依智慧力
변 정 장 엄 승 복 력　무 착 무 의 지 혜 력

定慧方便諸威力　普能積集菩提力
정 혜 방 편 제 위 력　보 능 적 집 보 리 력

淸淨一切善業力　摧滅一切煩惱力
청 정 일 체 선 업 력　최 멸 일 체 번 뇌 력

降伏一切諸魔力　圓滿普賢諸行力
항 복 일 체 제 마 력　원 만 보 현 제 행 력

170

모든 곳에 나타나는 신통의 힘과
온갖 곳에 들어가는 부처님 마음
지혜로운 보살행이 쌓은 공덕과
위엄 신통 펼쳐 주는 대자대비심.

두루 모든 청정 장엄 뛰어난 복력
집착 없어 자유로운 지혜의 힘과
선정 지혜 방편에서 나온 위력과
온갖 수행 모이는 곳 깨달음의 힘

모든 것을 정화하는 선업의 힘과
온갖 번뇌 남김없이 타파하는 힘
마군 모두 물리쳐서 항복 받는 힘
보현보살 삶과 원력 오롯하도다.

普能嚴淨諸刹海 解脫一切衆生海
보 능 엄 정 제 찰 해 　 해 탈 일 체 중 생 해

善能分別諸法海 能甚深入智慧海
선 능 분 별 제 법 해 　 능 심 심 입 지 혜 해

普能清淨諸行海 圓滿一切諸願海
보 능 청 정 제 행 해 　 원 만 일 체 제 원 해

親近供養諸佛海 修行無倦經劫海
친 근 공 양 제 불 해 　 수 행 무 권 경 겁 해

三世一切諸如來 最勝菩提諸行願
삼 세 일 체 제 여 래 　 최 승 보 리 제 행 원

我皆供養圓滿修 以普賢行悟菩提
아 개 공 양 원 만 수 　 이 보 현 행 오 보 리

원력을 완성하리

모든 국토 빠짐없이 청정한 장엄
온갖 중생 남김없이 해탈시키고
법을 모두 올바르게 분별함으로
지혜 바다 깊이깊이 들어가리라.

모든 삶을 청정하게 만들어가고
온갖 원력 그 모두를 완성해가며
부처님께 빠짐없이 공양을 올려
영원토록 쉬지 않고 수행하리라.

시방 삼세 모습 나툰 모든 여래의
으뜸가는 깨달음과 보현행 원력
이 모든 곳 내가 모두 공양 올리니
보현보살 행으로써 깨닫게 되리.

一切如來有長子　彼名號曰普賢尊
일 체 여 래 유 장 자　피 명 호 왈 보 현 존

我今廻向諸善根　願諸智行悉同彼
아 금 회 향 제 선 근　원 제 지 행 실 동 피

願身口意恒淸淨　諸行刹土亦復然
원 신 구 의 항 청 정　제 행 찰 토 역 부 연

如是智慧號普賢　願我與彼皆同等
여 시 지 혜 호 보 현　원 아 여 피 개 동 등

我爲徧淨普賢行　文殊師利諸大願
아 위 변 정 보 현 행　문 수 사 리 제 대 원

滿彼事業盡無餘　未來際劫恒無倦
만 피 사 업 진 무 여　미 래 제 겁 항 무 권

보현보살이 되리

부처님의 으뜸가는 첫 번째 제자
그 명호는 보현보살 존중받는 분
내가 이제 모든 선근 회향함으로
온갖 지혜 그분처럼 되길 원하네.

몸과 마음 늘 언제나 청정하여서
수행하는 국토 또한 그러하리니
이와 같은 지혜 일러 보현이므로
나의 지혜 그와 같게 되길 원하네.

보현행과 문수보살

나 자신이 청정해져 보현행이니
이런 삶이 문수보살 크나큰 원력
이 세상에 온갖 불사 가득 채우려
오는 세월 게으를 틈 전혀 없구나.

我所修行無有量　獲得無量諸功德
아 소 수 행 무 유 량　획 득 무 량 제 공 덕

安住無量諸行中　了達一切神通力
안 주 무 량 제 행 중　요 달 일 체 신 통 력

文殊師利勇猛智　普賢慧行亦復然
문 수 사 리 용 맹 지　보 현 혜 행 역 부 연

我今廻向諸善根　隨彼一切常修學
아 금 회 향 제 선 근　수 피 일 체 상 수 학

三世諸佛所稱歎　如是最勝諸大願
삼 세 제 불 소 칭 탄　여 시 최 승 제 대 원

我今廻向諸善根　爲得普賢殊勝行
아 금 회 향 제 선 근　위 득 보 현 수 승 행

내가 닦은 보살행이 한량이 없어
헤아릴 수 없는 공덕 생겨나므로
많고 많은 보살행에 항상 머물러
온갖 신통 빠짐없이 통달한다네.

문수사리 보살님의 용맹한 지혜
보현 지혜 보살행도 또한 그러니
내가 이제 모든 선근 회향을 하여
그들 따라 모든 것을 늘 배우리라.

온갖 선근을 회향하며

삼세 모든 부처님이 찬탄하는 곳
으뜸가는 온갖 원력 이와 같으니
내가 이제 온갖 선근 회향을 하여
보현보살 뛰어난 삶 살게 되었네.

願我臨欲命終時　盡除一切諸障礙
원 아 임 욕 명 종 시　진 제 일 체 제 장 애

面見彼佛阿彌陀　即得往生安樂刹
면 견 피 불 아 미 타　즉 득 왕 생 안 락 찰

我旣往生彼國已　現前成就此大願
아 기 왕 생 피 국 이　현 전 성 취 차 대 원

一切圓滿盡無餘　利樂一切衆生界
일 체 원 만 진 무 여　이 락 일 체 중 생 계

彼佛衆會咸清淨　我時於勝蓮華生
피 불 중 회 함 청 정　아 시 어 승 연 화 생

親覩如來無量光　現前授我菩提記
친 도 여 래 무 량 광　현 전 수 아 보 리 기

극락정토 아미타불

원하오니 나의 목숨 끊어질 적에
온갖 장애 하나 없이 다 사라지고
눈앞에서 아미타불 만나 뵈올 때
그 자리서 극락정토 들어가리라.

내가 이미 극락정토 왕생했기에
이 크나큰 보현 원력 성취했으니
모든 것이 오롯하여 빠진 게 없어
중생에게 이익 주고 즐거움 주네.

부처님들 대중 법회 다 청정하여
그때 내가 하얀 연꽃 위로 태어나
부처님의 한량없는 광명을 보니
눈앞에서 깨달음의 수기를 받네.

蒙彼如來授記已　化身無數百俱胝
몽 피 여 래 수 기 이　화 신 무 수 백 구 지

智力廣大徧十方　普利一切眾生界
지 력 광 대 변 시 방　보 리 일 체 중 생 계

乃至虛空世界盡　眾生及業煩惱盡
내 지 허 공 세 계 진　중 생 급 업 번 뇌 진

如是一切無盡時　我願究竟恒無盡
여 시 일 체 무 진 시　아 원 구 경 항 무 진

十方所有無邊刹　莊嚴眾寶供如來
시 방 소 유 무 변 찰　장 엄 중 보 공 여 래

最勝安樂施天人　經一切刹微塵劫
최 승 안 락 시 천 인　경 일 체 찰 미 진 겁

여래 수기 그 가피를 받고 난 뒤에
화신 되어 셀 수 없이 많은 세월을
지혜 광명 시방세계 가득 비추며
빠짐없이 중생들을 제도하였네.

원력은 영원토록 끝이 없으리

허공 속의 온갖 세계 다 없어지고
중생들의 업과 번뇌 다 사라지며
이와 같은 모든 생멸 끝이 없을 때
내 원력도 영원토록 끝이 없으리.

원력 듣고 믿음을 낸 공덕

시방세계 모든 국토 끝이 없지만
부처님께 온갖 보배 공양 올리고
하늘 인간 모두에게 행복을 주며
셀 수 없이 많은 세월 수행해 왔네.

若人於此勝願王　一經於耳能生信
약 인 어 차 승 원 왕　일 경 어 이 능 생 신

求勝菩提心渴仰　獲勝功德過於彼
구 승 보 리 심 갈 앙　획 승 공 덕 과 어 피

卽常遠離惡知識　永離一切諸惡道
즉 상 원 리 악 지 식　영 리 일 체 제 악 도

速見如來無量光　具此普賢最勝願
속 견 여 래 무 량 광　구 차 보 현 최 승 원

此人善得勝壽命　此人善來人中生
차 인 선 득 승 수 명　차 인 선 래 인 중 생

此人不久當成就　如彼普賢菩薩行
차 인 불 구 당 성 취　여 피 보 현 보 살 행

으뜸가는 이 뛰어난 원력에 대해
한번 듣고 그 자리서 믿음을 내고
깨달음을 구하고자 마음 낸 사람
그 공덕은 다른 것에 비할 수 없네.

공덕이 드러나는 모습

늘 언제나 나쁜 벗을 멀리하면서
영원토록 나쁜 길로 가지를 않아
부처님의 무량한 빛 눈앞에 보며
이 뛰어난 보현보살 원력 갖추네.

이 사람은 영원한 삶 살아가면서
인연 따라 사람으로 태어난다면
머지않아 깨달음을 성취하리니
보현보살 보살행과 같아지리라.

往昔由無智慧力　所造極惡五無間
왕 석 유 무 지 혜 력　소 조 극 악 오 무 간

誦此普賢大願王　一念速疾皆消滅
송 차 보 현 대 원 왕　일 념 속 질 개 소 멸

族姓種類及容色　相好智慧咸圓滿
족 성 종 류 급 용 색　상 호 지 혜 함 원 만

諸魔外道不能摧　堪爲三界所應供
제 마 외 도 불 능 최　감 위 삼 계 소 응 공

速詣菩提大樹王　坐已降伏諸魔衆
속 예 보 리 대 수 왕　좌 이 항 복 제 마 중

成等正覺轉法輪　普利一切諸含識
성 등 정 각 전 법 륜　보 리 일 체 제 함 식

전생에서 지혜 없는 삶을 살면서
무간지옥 들어가는 죄를 지어도
보현보살 보살행과 원력 받들면
한 생각에 모든 죄업 없어지리라.

집안 좋고 환경 좋아 빛나는 얼굴
상호 좋고 지혜 많아 다 오롯하니
어떤 마군 외도들도 이길 수 없어
중생들의 온갖 공양 받게 되리라.

큰 깨달음 보리수로 얼른 나아가
선정 속에 모든 마군 항복을 받아
깨달음을 이루고서 법을 설하여
모든 중생 빠짐없이 제도하리라.

若人於此普賢願　讀誦受持及演說
약 인 어 차 보 현 원　독 송 수 지 급 연 설

果報唯佛能證知　決定獲勝菩提道
과 보 유 불 능 증 지　결 정 획 승 보 리 도

若人誦此普賢願　我說少分之善根
약 인 송 차 보 현 원　아 설 소 분 지 선 근

一念一切悉皆圓　成就眾生清淨願
일 념 일 체 실 개 원　성 취 중 생 청 정 원

我此普賢殊勝行　無邊勝福皆廻向
아 차 보 현 수 승 행　무 변 승 복 개 회 향

普願沈溺諸眾生　速往無量光佛剎
보 원 침 익 제 중 생　속 왕 무 량 광 불 찰

원력을 아는 뛰어난 삶은

어떤 사람 보현보살 원력을 알고
이 원력을 읽고 외워 법을 설하면
그 결과는 부처님만 알 수 있지만
틀림없이 깨달음을 이루게 되리.

보현보살 원력으로 살아간다면
이 사람은 좋은 마음 조금만 내도
한 생각에 모든 것을 완성하여서
중생들의 청정 원력 성취하리라.

내가 이제 보현보살 뛰어난 삶에
얻게 되는 수승한 복 다 회향하니
욕망 속의 모든 중생 원하옵건대
어서 빨리 빛의 정토 왕생하소서.

爾時 普賢菩薩摩訶薩 於如來前
이시 보현보살마하살 어여래전

說此普賢 廣大願王 清淨偈已
설차보현 광대원왕 청정게이

善財童子 踊躍無量 一切菩薩
선재동자 용약무량 일체보살

皆大歡喜 如來讚言 善哉善哉。
개대환희 여래찬언 선재선재

爾時 世尊 與諸聖者 菩薩摩訶薩
이시 세존 여제성자 보살마하살

演說如是 不可思議 解脫境界
연설여시 불가사의 해탈경계

勝法門時 時會大眾 信受奉行。
승법문시 시회대중 신수봉행

여래의 찬탄

보현보살이 여래 앞에서 보현보살의 으뜸가는 원력을 청정한 게송으로 말하였을 때

선재동자가 한없이 뛸 듯이 기뻐하고 모든 보살이 다 함께 즐거워하니 여래께서

"훌륭하고 훌륭하도다."라고 찬탄하였다.

세존의 가르침을 실천하다

그때 세존께서 성자인 보살들과 함께 이와 같은 불가사의한 해탈 경계에 대해 뛰어난 법문을 설하였을 때, 그 자리에 모인 대중 모두가 이 법문을 믿고 받아들이고 받들어 실천하였다.

文殊師利菩薩　而爲上首
문 수 사 리 보 살　이 위 상 수

諸大菩薩　及所成熟　六千比丘。
제 대 보 살　급 소 성 숙　육 천 비 구

彌勒菩薩而爲上首
미 륵 보 살 이 위 상 수

賢劫一切諸大菩薩。
현 겁 일 체 제 대 보 살

無垢普賢菩薩而爲上首　一生補處
무 구 보 현 보 살 이 위 상 수　일 생 보 처

住灌頂位　諸大菩薩　及餘十方　種
주 관 정 위　제 대 보 살　급 여 시 방　종

種世界　普來集會　一切刹海　極微
종 세 계　보 래 집 회　일 체 찰 해　극 미

盡數　諸菩薩摩訶薩衆。
진 수　제 보 살 마 하 살 중

문수보살이 상석에 앉아 있는 곳에서는 큰 보살
님과 부처님 마음자리에 있는 육천 명의 비구
스님이 함께 있었다.

미륵보살이 상석에 앉아 있는 곳에서는 현겁의
모든 큰 보살이 함께 있었다.

번뇌가 다 사라진 보현보살이 상석에 앉아 있는
곳에서는 앞으로 한 생만 부처님을 더 옆에서
모시면 성불할 수 있는 일생보처 보살들과 시방
세계 온갖 곳에서 모여든 많고 많은 보살이 함께
있었다.

大智舍利弗 摩訶目犍連等 而爲上
대 지 사 리 불 마 하 목 건 련 등 이 위 상

首 諸大聲聞 幷諸人天 一切世主
수 제 대 성 문 병 제 인 천 일 체 세 주

天龍夜叉 乾闥婆 阿修羅 迦樓羅
천 룡 야 차 건 달 바 아 수 라 가 루 라

緊那羅 摩睺羅伽 人非人等 一切
긴 나 라 마 후 라 가 인 비 인 등 일 체

大衆。
대 중

聞佛所說 皆大歡喜 信受奉行。
문 불 소 설 개 대 환 희 신 수 봉 행

지혜 많은 사리불과 신통 으뜸 목건련 등이 상석의 자리에 앉아 있는 곳에서는 모든 성문과 하늘, 인간 및 세상의 왕, 천룡팔부 사람이면서 사람 아닌 모습을 가진 중생 모두가 함께 있었다.

이들 모두가 부처님의 설법을 듣고 크게 기뻐하며 믿음 속에서 이 가르침을 받아들여 받들어 실천하였다.

【회향문】

       (   ) 사경 제자는
부처님 전에 사경을 마친 경전을 바칩니다.

경을 쓰는 이 공덕이 보살들의 뛰어난 삶
끝도 없이 뛰어난 복 온갖 공덕 회향하니
이 힘으로 원하건대 무명 속의 모든 중생
지금 바로 부처님의 극락정토 가옵소서.

            나무 석가모니불
            나무 석가모니불
          나무 시아본사석가모니불

20   년   월   일 불제자   정례(頂禮)

정성껏 쓰신 사경을 활용하는 방법

1. 정성껏 쓰신 사경본은 본인이 지니고 독송용으로 소장하면서, 집안의 가보로 삼으셔도 됩니다.

2. 또한 사경본을 집안 식구나 가까운 친지 및 주변 도반들에게 법공양을 올려 부처님과 인연을 맺어주면 그 공덕으로, 뒷날 그들은 다시 험하고 나쁜 세상에 태어나지 않게 될 것입니다.

3. 육신을 벗어난 영가를 천도하기 위하여 쓰신 사경본은 사십구재나 기일을 택하여 그들의 극락왕생을 위한 의식을 행할 때, 소대가 있는 절에서 도솔천으로 공양을 올리기도 합니다.

4. 법당이나 성스러운 불상 또는 부처님의 탑을 조성할 때 복장용으로 안치한 사경본은, 오랜 세월이 흐른 뒤에도 정법을 이어주는 공덕이 있습니다.

원순 스님

해인사 백련암에서 성철 스님을 은사로 모시고 출가하여
해인사 송광사 통도사 봉암사 등 제방선원에서 정진하였다.
『명추회요』를 번역한 『마음을 바로 봅시다』 『한글원각경』 『육조단경』 『선요』
『선가귀감』을 강설한 『선수행의 길잡이』 등 다수의 불서를 펴냈으며
난해한 원효 스님의 『대승기신론 소·별기』를 『큰 믿음을 일으키는 글』로 풀이하였다.
현재 송광사 인월암에서 안거 중.

보현행원품 사경본

초판 발행 | 2021년 7월 14일
초판 3쇄 | 2022년 6월 29일
펴낸이 | 열린마음
풀어쓴이 | 원순

펴낸곳 | 도서출판 법공양
등록 | 1999년 2월 2일 · 제1-a2441
주소 | 110-170 서울시 종로구 삼봉로 81
두산위브파빌리온 836
전화 | 02-734-9428
팩스 | 02-6008-7024
이메일 | dharmabooks@chol.com

ⓒ 원순, 2022
ISBN 978-89-89602-08-8

값 12,000원

부처님의 가르침을 올바르게 _ 도서출판 법공양

원순 스님이 풀어쓰거나 강설한 책들

능엄경 1, 2　　중생계는 중생의 망상으로 생겨났음을 일깨우며, 번뇌를 벗어나

부처님 마음자리로 들어가는 가르침과 능엄신주를 설한 경전

규봉스님 금강경　　금강경을 논리적으로 풀어가고 있는

기존의 시각과 다른 새로운 금강경 해설서

부대사 금강경　　경에 담긴 뜻을 부대사가 게송으로 풀어낸 책

야부스님 금강경　　경의 골수를 선시로 풀어 가슴을 뚫는 문학적 가치가 높은 책

육조스님 금강경　　금강경의 이치를 대중적으로 쉽게 풀어쓴 금강경 기본 해설서

종경스님 금강경　　아름다운 게송으로 금강경 골수를 드러내는 명쾌한 해설서

함허스님 금강경　　다섯 분의 금강경 풀이를 연결하여 꿰뚫어 보게 하면서

금강경의 전개를 파악하고 근본 가르침을 또렷이 알 수 있게

설명한 험허스님의 걸작

지장경　　지장보살의 전생 이야기와 그분의 원력이 담긴 경전

연꽃법화경　　모든 중생이 부처님이라는 혁신적인 내용을 담고 있으면서도

고전문학의 가치를 지닌 경전

연경별찬　　설잠 김시습이 『연꽃법화경』을 찬탄하여 쓴 글

한글 원각경　　함허득통 스님이 주해한 원각경을 알기 쉽게 풀어쓴 글

초발심자경문　　이 세상 모든 사람을 위한 마음 닦는 글

치문 1·2·3권　　생활 속에서 가까이 해야 할 선사들의 주옥같은 가르침

선가귀감　　경전과 어록에서 선의 요점만 추려 엮은 '선 수행의 길잡이'

큰 믿음을 일으키는 글　불교 논서의 백미로 꼽히는 『대승기신론 소·별기』 번역서

마음을 바로 봅시다 上下　『종경록』 고갱이를 추린 『명추회요』 국내 최초 번역서

선요	선의 참뜻을 일반 불자들도 알 수 있도록 풀이한 글
몽산법어	간화선의 교과서로 불리는 간화선 지침서
禪 스승의 편지	선방 수좌들의 필독서, 대혜 스님의 『서장書狀』 바로 그 책
절요	'선禪의 종착지로 가는 길'을 알려주는 보조지눌 스님의 저서
진심직설	행복한 마음을 명료하게 설명해 주는 참마음 수행 지침서
선원제전집도서	선과 교의 전체 내용을 체계적으로 정리한 참 좋은 책
무문관	선의 종지로 들어갈 문이 따로 없으니 오직 화두만 참구할 뿐.
정혜결사문	이 시대에 정혜결사의 뜻을 생각해 보게 하는 보조 스님의 명저
선문정로	퇴옹 성철 큰스님께서 전하시는 '선의 종착지는 어디인가?'
육조단경 덕이본	육조스님 일대기와 가르침을 극적으로 풀어낸 선종 으뜸 경전
돈오입도요문론	단숨에 깨달아 도에 들어가는 가르침을 잘 정리한 책
신심명·증도가	마음을 일깨워 주는 게송으로서 영원한 선 문학의 정수
한글 법보 염불집	불교 의식에 쓰이는 어려운 한문 법요집을 그 뜻을 이해하고 염불할 수 있도록 아름다운 우리말로 풀어씀
신심명 강설	신심명 게송을 하나하나 알기 쉽게 풀어 선어록의 이해를 돕는 간결한 지침서
선禪 수행의 길잡이	선과 교를 하나로 쉽게 이해할 수 있는 『선가귀감』을 강설한 책
돈황법보단경 강설	육조스님 가르침을 간결하고 명료하게 담고 있으며, 저자의 강설이 실려 있어 깊은 뜻을 쉽게 이해할 수 있는 책

독송용 경전 및 사경본 _ 우리말 금강반야바라밀경 및 금강경 사경본

약사유리광 칠불본원공덕경 및 약사경 사경본

우리말 불설 미륵경 및 미륵경 사경본

보현행원품 사경본

우리말 관세음보살보문품